La reliure traditionnelle 1992

LES
PHÉNOMÈNES AFFECTIFS

ET

LES LOIS DE LEUR APPARITION

ESSAI DE PSYCHOLOGIE GÉNÉRALE

PAR

FR. PAULHAN

PARIS

ANCIENNE LIBRAIRIE GERMER BAILLIÈRE ET Cⁱᵉ

FÉLIX ALCAN, ÉDITEUR

108, BOULEVARD SAINT-GERMAIN, 108

1887

LES

PHÉNOMÈNES AFFECTIFS

A LA MÊME LIBRAIRIE

LES
PHÉNOMÈNES AFFECTIFS

ET

LES LOIS DE LEUR APPARITION

ESSAI DE PSYCHOLOGIE GÉNÉRALE

PAR

FR. PAULHAN

———•◦◦◦•———

PARIS

ANCIENNE LIBRAIRIE GERMER BAILLIÈRE ET Cⁱᵉ

FÉLIX ALCAN, ÉDITEUR

108, BOULEVARD SAINT—GERMAIN, 108

——

1887

AVANT-PROPOS

Le présent volume, bien que formant à lui seul un tout complet, est, dans la pensée de l'auteur, la première partie d'un travail d'ensemble sur la psychologie générale.

Il comprend le développement de la première partie d'un travail publié par l'auteur dans la *Revue philosophique*. Toutefois la rédaction première a été totalement remaniée, le dernier chapitre est complètement inédit ainsi qu'une partie des deux premiers. L'auteur espère avoir ainsi rendu la théorie plus précise et plus claire.

LES PHÉNOMÈNES AFFECTIFS

INTRODUCTION

I

Je me propose d'aborder ici la psychologie générale des phénomènes affectifs; l'entreprise paraîtra sans doute ardue et peut-être prématurée. La question est de celles qui ont été le moins étudiées par les psychologues.

Si l'on compare ce que nous savons sur les phénomènes intellectuels et ce que nous savons sur les phénomènes affectifs, on trouve que les progrès de la psychologie sont incomparablement plus grands en ce qui concerne le côté purement intellectuel de l'esprit humain. Sur les lois générales de la connaissance, et sur quelques-unes de leurs formes particulières, la mémoire, l'imagination, la perception, le raisonnement, etc., nous avons un grand nombre de renseignements : beaucoup de faits ont été observés, groupés et coordonnés et plusieurs théories peuvent être considérées comme définitives. Les lois du sentiment sont très peu connues au contraire; certaines formes particulières de la sensibilité, le sentiment moral, le sentiment religieux, le sentiment esthétique, ont été étudiées d'assez près, surtout dans leurs manifestations, dans leurs effets sociaux; nous avons aussi plusieurs théories sur le plaisir et la douleur, et il existe des livres intéressants sur les émotions et les passions, mais les résultats acquis ne sont pas comparables à ceux qui ont été obtenus en d'autres questions de psychologie; et sur la nature, les causes et l'activité des sentiments en général, on n'a mis en lumière que peu de chose, si l'on excepte les lois générales, qui s'appliquent à tous les phénomènes psychiques aussi bien qu'aux phénomènes affectifs.

Les lois que je vais essayer de déterminer dans ce volume sont celles de l'apparition des phénomènes affectifs. Je rechercherai d'abord les conditions et les caractères généraux de ces phénomènes, ensuite les modifications particulières de ces conditions générales qui donnent naissance à chacun des principaux groupes de phénomènes affectifs, enfin les lois de l'apparition des phénomènes affectifs composés, c'est-à-dire les rapports des phénomènes affectifs avec les éléments affectifs ou non qui leur donnent naissance. Mais comme nous devons rapporter ces lois à la psychologie générale, et voir la place que prend un phénomène affectif dans le fonctionnement général de l'esprit, il importe, avant d'aborder ces diverses questions, d'établir ou de rappeler les principes psychologiques qui doivent servir de base à cette étude.

II

L'homme est un ensemble d'organes reliés et mis en harmonie par un de ces organes, le système nerveux; l'unité qu'il a, il la tient de la systématisation de ces organes, systématisation incomplète, mais réelle. L'homme peut ainsi être considéré comme un ensemble, un complexus imparfaitement organisé de systèmes organico-psychiques; les systèmes principaux se décomposent eux-mêmes en systèmes secondaires, et ceux-ci

en d'autres, moins importants, et ces systèmes s'entre-
croisent, s'associent les uns avec les autres et se dé-
membrent. Le même élément peut figurer dans plusieurs
systèmes différents, et le même système peut se combiner avec différents autres systèmes pour former des
complexus variés d'ordre supérieur, ou bien se frac-
tionner, se dissocier en plusieurs parties qui s'associent
chacune à des systèmes distincts. Ainsi, par exemple, le
système d'images de diverses natures, de signes et de
mouvements qui constitue la lettre *a* peut s'associer à
d'autres systèmes d'images et de mouvements très divers
pour former en nous l'image de différents mots. Chaque
mot lui-même peut s'associer avec d'autres mots pour
former un système plus complexe, une phrase, et alors,
d'un autre côté, le mot mis dans une phrase se décom-
pose et perd une partie de ses éléments. Un mot qui
est compris par l'esprit est associé à un grand nombre
d'idées et de tendances obscures, et, selon le sens de la
phrase où il est placé, toutes ces tendances, toutes ces
idées ne s'éveillent pas, mais seulement quelques-unes
d'entre elles. Ainsi, le mot *lettre* n'éveillera pas le même
état psychologique, ne s'associera pas aux mêmes idées,
alors qu'il se trouvera dans une phrase où il s'agit d'une
correspondance, ou dans une phrase sur l'alphabet (1).
Ces quelques exemples, que l'on pourrait multiplier à
l'infini, suffisent à nous montrer le mécanisme général
des systèmes psychiques. La vie de l'homme n'est
qu'une association et une dissociation continuelles d'éléments et de systèmes; plus les éléments se combinent
en des systèmes, et plus ces systèmes sont coordonnés
eux-mêmes, plus l'homme se rapproche de la perfection,
mais souvent cette coordination ne peut s'effectuer que
par des dissociations préalables. Essayer la psychologie

(1) Voyez à ce sujet une étude de M. Bréal: *Comment les mots s'associent dans notre esprit*, publiée dans la *Revue politique et littéraire*.

générale des phénomènes affectifs, c'est donc rechercher quelles relations particulières des éléments ou des
systèmes psychiques engendrent les phénomènes affectifs et quel rôle jouent ces phénomènes eux-mêmes, une
fois produits, soit par leur influence propre, soit plutôt
par celle des processus physiologiques qui les accompagnent, dans l'organisation de l'individu ; c'est la première
partie seulement de cette tâche que j'essaierai d'accomplir dans le présent volume.

Mais l'homme n'est pas seulement un système, ou
plutôt un ensemble de systèmes, il est un système systématisant. L'harmonie qui existe en lui, il l'étend dans
le monde, auquel il la doit d'ailleurs peut-être en totalité
et sûrement au moins en partie, en faisant converger
vers un même but des objets naturels qui, sans lui, res-
taient isolés les uns des autres et privés de tout lien
harmonique. C'est ce qu'il fait en prenant par exemple
le fer et le charbon à la terre, le bois aux arbres, le
cuir aux animaux, le verre, les étoffes qu'il fabrique en
en empruntant les éléments à divers objets naturels, etc.,
en travaillant ces objets et bien d'autres, en les modi-
fiant, et en les combinant enfin pour en faire un système
de rails, de locomotives et de wagons. L'homme est une
sorte de ferment de systématisation et par suite de mo-
ralité introduit dans le monde. Cette systématisation
se fait aussi par l'intermédiaire du système nerveux. Il
établit, comme l'a montré Spencer, l'adaptation de
l'homme au milieu ; il faut ajouter qu'il sert peut-être
autant à adapter le milieu à l'homme. Par ces adapta-
tions successives, il se forme, quand les circonstances
sont favorables, un système qui, à de certains égards au
moins, devient de moins en moins imparfait en ce qu'il
comprend plus de parties, et en ce que les parties sont
plus étroitement liées les unes aux autres en vue d'une
fin suprême ou de fins partielles harmoniques.

Dans ce vaste complexus, qui comprend, comme nous

le voyons, des éléments inorganiques, des êtres organisés et animés et des hommes, il y a plusieurs centres.
L'homme est le principal, — nous pouvons considérer
ici l'homme en général, comme un seul individu, et sans
nous préoccuper des complexus sociaux, — et dans
l'homme, c'est le système nerveux. Il reçoit les impressions du dehors, les dissocie, les analyse, les classe
dans leur ensemble, en classe les éléments, les associe
de nouveau, soit dans leur ensemble, soit dans leurs
éléments, avec une foule d'autres éléments semblables
ou différents, pour former les systèmes psychiques dont
nous avons parlé, et réagit selon sa nature propre. De
ces réactions, les unes sont générales, les autres sont
particulières, les unes dérivent des propriétés générales
du tissu nerveux ou, si l'on veut, les unes sont des phénomènes qui se présentent partout où se trouvent les
autres phénomènes qui forment ce qu'on appelle le système nerveux, les autres varient selon les individus et
les groupes d'individus. Les unes sont des réactions gé-
nériques ou spécifiques, les autres des réactions individuelles. Il y a d'ailleurs tous les degrés possibles entre
les unes et les autres. Certaines réactions sont communes à tous les hommes sains, par exemple l'acte réflexe qui fait dilater ou contracter la pupille selon le
degré d'intensité de l'excitation lumineuse ; d'autres se
rencontrent seulement chez une certaine partie de l'hu-
manité ; chez les sauvages cannibales, certaines impressions des sens fournies par des corps d'hommes dans
certaines circonstances sont suivies de réactions appropriées pour faire cuire et manger lesdits corps ; cette
réaction ne se produit plus, ou ne se reproduit que très
rarement et dans des circonstances extrêmes chez les
peuples civilisés. Certaines réactions sont ainsi propres
à certaines races d'hommes, d'autres sont propres à
certains âges, d'autres sont dues à des conditions de
sexe ou de métier, d'autres à une idiosyncrasie particu-

lière, et sont purement individuelles. Le groupement plus ou moins harmonieux de ces réactions dues au genre, à l'espèce, à la race, à l'âge, au sexe, à l'hérédité, à la conformation particulière et aux circonstances générales ou particulières où l'organisme se trouve ou s'est trouvé placé, forme ce qu'on appelle le caractère ou l'individualité de chacun de nous.

Ces diverses réactions du système nerveux, en présence des excitations diverses qu'il reçoit du monde extérieur ou du monde intérieur, se ramènent au type de l'action réflexe en prenant le mot dans son sens le plus large. Cette théorie est la seule compatible avec le déterminisme universel des phénomènes, qui, s'il n'est pas absolument démontré, paraît bien reposer sur les inductions les plus probables des diverses sciences en général et de la science psychologique en particulier. S'il y avait quelques exceptions partielles et apparentes à faire, si l'on peut admettre une spontanéité dans le genre de celle dont parle Bain, et qui ne s'oppose pas au déterminisme, il est facile de voir que cette exception n'a pas d'importance, puisque d'un côté le phénomène nerveux est toujours, en un sens, sous la dépendance de conditions extérieures et que d'ailleurs ces phénomènes de spontanéité se laissent ramener à une formule semblable à celle qui exprime les caractères généraux des autres phénomènes de l'activité humaine, pourvu que l'on fasse cette formule un peu plus large que l'on n'a peut-être coutume de la faire.

Nous n'avons parlé jusqu'ici que du système nerveux et non de l'intelligence ou de la sensibilité; nous avons à nous expliquer sur ce point et à indiquer comment il faut comprendre le rôle de la conscience. Une considération qui s'offre tout de suite à nous permet de ne lui assigner d'abord tout au plus qu'une importance secondaire dans cette fonction de systématisation de l'homme. La conscience, en effet, est souvent absente des réactions nerveuses qui se produisent chez les êtres organisés. Chez l'homme, par exemple, l'action réflexe de la moelle ne donne lieu à aucun phénomène psychique observable par la conscience de l'individu. Les actions réflexes de la moelle épinière ne sont pas seules dans ce cas. Nous sommes donc obligés de reconnaître que la conscience n'est pas une condition nécessaire de l'harmonie des organes. La vie végétative suffirait à le prouver. Nous n'avons pas, par conséquent, à expliquer la finalité par l'intelligence; la rencontre de plusieurs phénomènes ou de plusieurs processus tendant vers un but ou vers des buts harmoniques ne révèle pas le moins du monde une cause consciente comme l'on s'est plu à le croire, et quand on réfléchit un peu sur la question, on voit qu'il n'y a absolument rien dans la conscience elle-même qui puisse nous autoriser à lui donner cette propriété d'organisation et de systématisation que nous refuserions à la matière.

C'est par suite d'une association très facilement explicable, mais tout à fait irrationnelle, que l'on s'est habitué à voir dans l'intelligence un antécédent nécessaire des phénomènes dont le groupement révèle une sorte d'unité. En fait, il n'y a aucune bonne raison pour que l'intelligence, comme fait psychique, ait un pouvoir coordonnateur que rien d'autre ne pourrait avoir. Car pourquoi l'idée d'un fait complexe peut-elle être une des conditions de ce fait ou pourquoi un fait complexe doit-il être précédé de la représentation mentale de ce fait? Il n'y a aucune bonne raison à en donner, si ce n'est que l'expérience nous montre, en effet, que dans certaines circonstances l'idée d'un acte précède l'acte, et que la représentation d'un objet compliqué précède l'objet lui-même. Mais l'expérience ne nous autorise nullement à tirer de ce fait une loi, puisque rien dans l'analyse de cette loi ne nous montre que les éléments en soient logiquement liés entre eux et puisque, d'autre part, les exemples

1*

d'actes compliqués et coordonnés produits sans l'intervention de l'intelligence soient très nombreux, bien que, pour des raisons faciles à comprendre, l'homme soit moins porté à les remarquer et à en tenir compte. A ne consulter même que les renseignements fournis par l'homme, on voit clairement que le système nerveux produit la finalité sans intervention de la conscience, et que jamais la finalité n'est réalisée par la conscience sans l'intervention du système nerveux. Nous devons donc, dans notre conception générale de l'homme, attribuer tout d'abord une place prépondérante à l'action nerveuse par rapport à la conscience.

« La physiologie, dit M. Ribot parlant de l'état de conscience, nous apprend que sa production est toujours liée à l'état du système nerveux, en particulier du cerveau. Mais la réciproque n'est pas vraie; si toute activité psychique implique une activité nerveuse, toute activité nerveuse n'implique pas une activité psychique. L'activité nerveuse est donc beaucoup plus étendue que l'activité psychique; la conscience est quelque chose de surajouté. »

Nous arrivons donc à concevoir l'homme comme un système imparfait d'organes reliés par le système nerveux et mis en harmonie, harmonie également imparfaite, avec d'autres systèmes semblables ainsi qu'avec le monde physique, par ce même système nerveux, en remarquant que certains phénomènes d'adaptation, parmi ceux qui se passent dans une partie de ce système nerveux, sont accompagnés de phénomènes d'une espèce particulière appelés états de conscience. Tout nous porte à croire *a priori* que ces phénomènes ne jouent aucun rôle essentiel dans le processus d'adaptation et de systématisation; il faut examiner de plus près s'il en est bien ainsi.

M. Ribot a clairement exposé et discuté la question

dans le chapitre dont je viens de citer un passage (1) ; il se range, avec quelques modifications, du parti des psychologues qui font de la conscience un phénomène accompagnant simplement certaines actions réflexes cérébrales. Mais M. Ribot accorde à la conscience plus d'importance que les partisans de cette théorie ne le font en général. La théorie que je vais exposer ici est, je crois un peu différente de la théorie de l'automatisme de M. Maudsley et de celle de l'automatisme modifié de M. Ribot. Au moins envisage-t-elle un peu autrement la question. On peut trouver que voilà bien des nuances, mais il faut d'autant plus préciser les questions qu'elles sont plus complexes et plus délicates, et l'on a dit avec raison que la subtilité était nécessaire au psychologue.

D'après toutes les données de la psychologie, on est en droit de croire que tout phénomène de conscience s'accompagne d'un phénomène physiologique. Le problème est de connaître le rapport qui existe entre les deux phénomènes, le phénomène psychique et le phénomène physique. On a tenté d'expliquer ce rapport en faisant des phénomènes psychiques et des phénomènes physiques, les deux faces, les deux manifestations d'une substance unique. Les explications de cette nature ont un tort grave, celui de ne rien expliquer, comme il arrive toutes les fois que l'on fait intervenir l'idée de substance. Je ne veux pas d'ailleurs approfondir ici la question au point de vue de la philosophie ou de la critique générale ; il me suffira d'en dire quelques mots pour exprimer ce qui est nécessaire à la psychologie, en réservant l'interprétation dernière.

L'expérience et l'induction nous montrent donc deux séries parallèles de phénomènes, l'une de ces séries est constante, l'autre n'existe que dans certaines conditions, elle est fréquemment interrompue.

(1) Ribot, *les Maladies de la personnalité.* Introduction 1885, F. Alcan.

Supposons par hypothèse que la seconde série, la série incomplète, soit supprimée, l'autre restant ce qu'elle est, les actes de l'homme resteront absolument les mêmes en fait, et seront déterminés par un processus physiologique inconscient au lieu d'être déterminés par un processus physiologique accompagné de phénomènes conscients. Je sais bien qu'une telle hypothèse est inadmissible en fait, puisque les conditions physiologiques voulues étant présentes, la conscience doit forcément se produire, mais elle n'a rien que l'imagination ne puisse facilement se représenter. Il faut admettre bien entendu, pour que les actions restent exactement les mêmes, que les conditions physiologiques restent identiquement les mêmes, identiquement, c'est-à-dire, en y comprenant même ces particularités encore en partie inconnues, qui sont les conditions physiologiques de la conscience. Ce qui en effet constitue le rôle de la conscience et son importance pour le développement de la vie psychique, importance que M. Ribot a mise en lumière dans le chapitre dont j'ai parlé, ce n'est pas le phénomène de conscience en lui-même, mais bien les conditions physiologiques particulières qui l'accompagnent et qui sont les conditions propres de la conscience, c'est-à-dire la quantité et la qualité du sang, la durée, la complexité de l'acte, etc.; si nous supposons toutes les conditions physiologiques de l'acte conscient réunies, nous pouvons très bien concevoir que la conscience soit supprimée sans aucun dommage pour la manifestation extérieure de la personnalité. Il n'en serait plus de même évidemment si les conditions propres de la conscience venaient à manquer et si, au lieu d'un fait physico-psychologique, on avait un fait simplement physiologique ; mais si ce changement modifiait le résultat, et pouvait diminuer son importance, ce ne serait pas parce que le second processus serait accompagné de conscience tandis que le premier ne le serait pas, c'est parce que les deux processus différeraient l'un de l'autre au point de vue physiologique ; « par l'hypothèse même, dit M. Ribot, l'état de conscience supposant des conditions physiologiques plus nombreuses (ou du moins autres) que le même état lorsqu'il reste inconscient, il en résulte que deux individus étant l'un dans le premier cas, l'autre dans le second, toutes choses égales d'ailleurs, ne sont pas strictement comparables ». A mon avis, c'est cette différence physiologique qui importe, et qui suffit à engendrer toutes les autres différences, — mais ces différences, nous pouvons les voir par leur côté psychologique et les attribuer ainsi à la conscience elle-même, sans qu'il y ait d'ailleurs aucune autre cause réelle que le processus physiologique. J'admets donc, contre les partisans d'un automatisme trop simple, qu'un processus purement physiologique et un processus psycho-physiologique ne sont pas équivalents au point de vue mental, mais j'admets aussi que la différence entre les deux processus est due non à ce que l'un s'accompagne de la conscience, mais à ces différences physiologiques qui les séparent (1), la conscience étant un simple signe de ces différences.

Il ne faudrait pas conclure de ce qui précède que les

(1) Je vois bien une des objections philosophiques que l'on peut faire à cette conception de la conscience. En somme, la conscience est réduite à ne jouer dans le monde qu'un rôle secondaire, elle devient un phénomène indifférent, sans utilité, qui tend peut-être à disparaître et à faire place à un automatisme complet, et cependant nous ne pouvons rien connaître si ce n'est des faits de conscience et il n'y a pour nous pas d'autre existence possible que celle des états de conscience. Le cerveau, le système nerveux, ne nous sont connus que dans des faits de conscience, d'une certaine espèce, et nous ne pouvons peut-être leur attribuer aucune réalité « en soi » en dehors de toute forme consciente. Je crois pouvoir répondre à ces objections, mais ce n'est pas ici le moment de le faire, il est mieux d'éviter de compliquer les questions lorsqu'on peut s'en dispenser. Nous pouvons nous contenter de prendre pour le moment les choses comme elles se présentent en psychologie, en réservant, comme je l'ai dit plus haut, l'interprétation dernière qui est du ressort de la philosophie générale.

phénomènes de conscience n'aient qu'une importance
médiocre dans l'étude de la psychologie. Il est facile de
voir qu'il en doit être autrement. En effet, nous avons
admis comme solution première, sans préjuger la solution
philosophique du problème, que les phénomènes de conscience forment une sorte de processus parallèle, dans
certaines conditions, au processus physiologique. Or, c'est
ce processus physiologique ou psycho-physiologique qui
commence par une sensation et se termine par un acte
qui fait l'objet de la psychologie, au moins dans sa partie
centrale. Il se trouve justement que cette phase des processus est difficilement accessible à l'observation physiologique et que l'on ne peut souvent que la soupçonner et
la deviner par induction; il se trouve aussi que c'est cette
partie-là qui s'accompagne assez souvent de phénomènes de conscience. Nous voyons donc immédiatement
de quelle utilité nous seront ces phénomènes, puisqu'ils
sont parallèles aux processus qu'il s'agit de connaître,
et qu'ils peuvent nous renseigner sur leur direction,
leur intensité, leurs associations, etc. En somme, comme
il n'y a pas de fait de conscience qui ne corresponde à
un fait physiologique, et comme ces deux faits sont liés
par des lois précises, nous ne pouvons étudier le premier sans étudier par cela même le second; toute étude
psychologique est une étude physiologique, et nous
étudions le cerveau en étudiant les faits de conscience,
absolument comme nous nous renseignons sur l'intelligence d'un homme en écoutant ses paroles qui en sont
les signes appréciables pour nous. Comme en bien
d'autres cas, d'ailleurs, un moyen de connaissance se
substitue à d'autres. Si, par exemple, nous demeurons
auprès d'une ligne de chemin de fer, nous pouvons
comprendre par le bruit que nous entendons si un train
passe, et même si c'est un train de marchandises, un
train-omnibus ou un train express. Les sensations
auditives remplacent les sensations visuelles, et des

premières, nous pouvons conclure aux secondes. De
même, quand nous éprouvons un sentiment quelconque,
nous pouvons conclure du phénomène perçu par le
sens intime aux phénomènes visuels ou autres, que
nous pourrions percevoir si nos moyens d'investigation
étaient suffisants, et que l'on appelle courant nerveux.
Le procédé est le même. En étudiant les phénomènes
psycho-physiologiques par la conscience, nous sommes
semblables aux sourds-muets qui peuvent deviner, par
les mouvements des lèvres, les paroles qu'ils n'entendent
pas.

Ces considérations nous permettent, à mon avis, d'être
plus hardis dans l'interprétation des phénomènes que les
données de la physiologie nerveuse ne nous y autorise-
raient. Une fois connus les modes généraux de l'activité nerveuse, et les rapports généraux de cette activité
nerveuse à l'activité psychique, on peut induire, il me
semble, au moins si l'on s'en tient aux lignes générales,
en constatant des phénomènes d'un certain ordre, de
l'ordre psychique, les phénomènes d'un autre ordre que
l'on ne constate pas directement. Je ne dis pas qu'il n'y
ait rien d'hypothétique dans cette manière de procéder,
mais il serait facile d'établir par de bonnes raisons que
tout ce que l'on peut savoir est à quelque degré hypothétique et je crois que le procédé dont je parle ne
dépasse pas la limite de l'hypothèse permise.

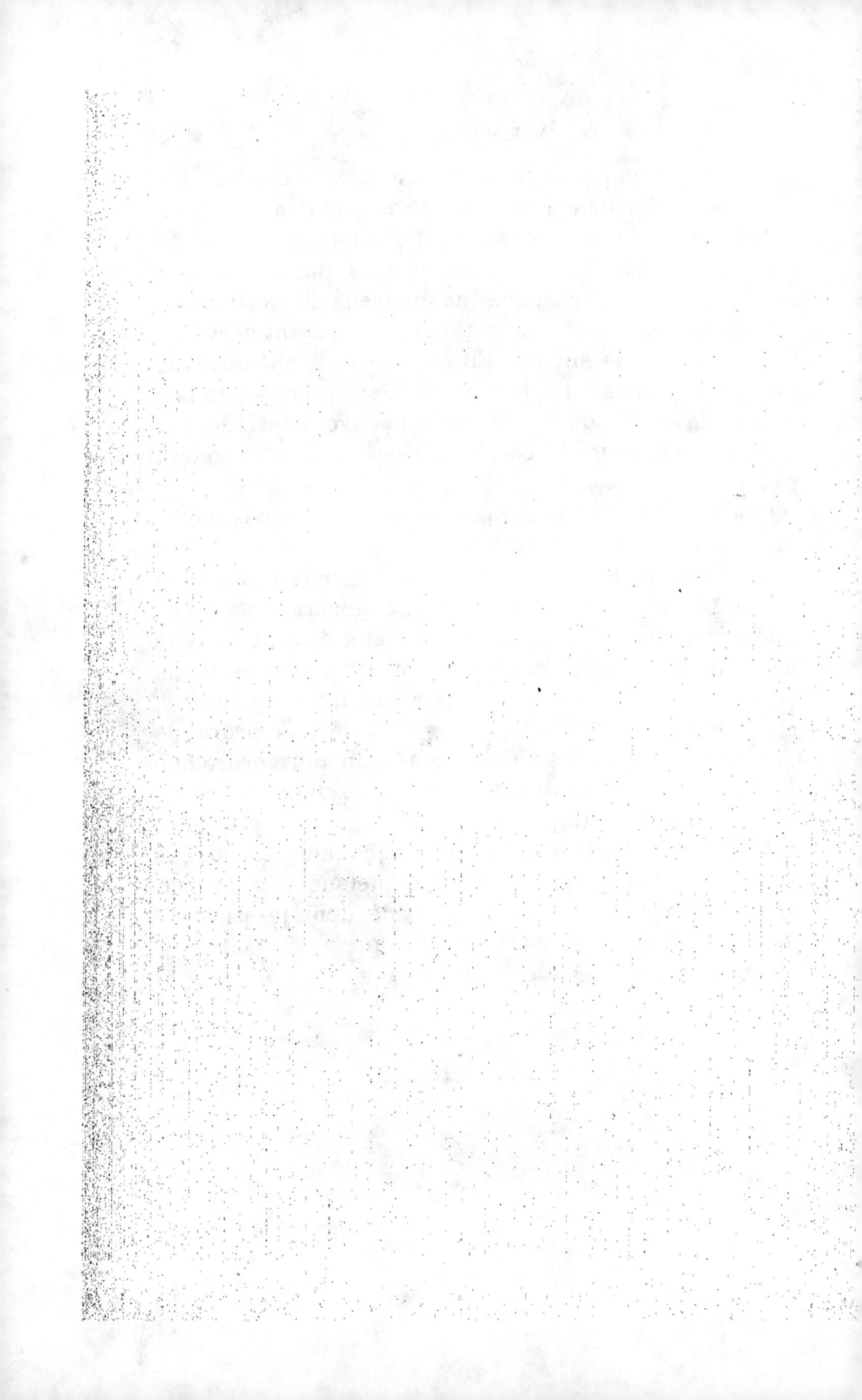

CHAPITRE PREMIER

La loi générale de production des phénomènes affectifs.

I

L'ARRÊT DES TENDANCES

Chaque émotion, chaque sentiment, chaque plaisir ou chaque peine a ses conditions d'existence particulières qui la produisent toujours et ne produisent qu'elle ; mais si nous considérons ces phénomènes comme formant une seule et même classe de faits, nous reconnaîtrons qu'une même loi générale se manifeste dans chaque cas particulier où se produit l'un d'entre eux ; ils sont tous soumis à des conditions communes qui correspondent à ce qu'ils ont eux-mêmes de commun malgré leurs différences, à ce quelque chose qui les différencie par exemple d'un phénomène purement intellectuel ou d'un phénomène physique quelconque. Rechercher les conditions particulières qui donnent naissance à telle ou telle émotion, à tel ou tel sentiment, c'est l'affaire de la psychologie particulière ; rechercher les conditions générales qui donnent toujours lieu à un phénomène quelconque de l'ordre affectif et ne peuvent donner lieu qu'à un phénomène de cet ordre, c'est ce que nous avons à faire pour le moment.

Nous pouvons nous servir, pour déterminer ces conditions et pour dégager la loi qui les exprime, de la double
méthode de l'analyse et de la synthèse. Nous prendrons
d'abord, par exemple, un fait évidemment affectif, et, en
analysant les différentes conditions de sa production,
nous verrons, au moyen de l'expérience, quelles sont
parmi ces conditions celles qui sont essentielles et qui
correspondent à la qualité propre d'affectivité du phénomène. Leur caractère se manifestera évidemment en
ceci : que leur disparition, les autres conditions restant
les mêmes, produit la disparition corrélative du caractère affectif du phénomène produit, les autres caractères
du phénomène ne subissant aucun changement. Inversement, l'expérience nous montrera par suite de quel
changement dans les antécédents un phénomène affectif peut prendre la place d'un phénomène intellectuel
ou autre qui lui ressemblerait à peu près en tout, sauf en
ce qui fait la qualité propre du phénomène affectif.

L'observation simple des faits de conscience et de
leur développement suffit déjà à nous donner de bonnes
indications et nous fournit un grand nombre de phénomènes, d'où nous pouvons extraire la loi que nous cher-
chons; nous verrons tout à l'heure que les recherches
de la physiologie et les documents pathologiques
viennent confirmer les résultats que l'on peut tirer de
l'observation directe des autres ou de soi-même. L'habitude qui transforme si bien les phénomènes psychiques, et qui a pour effet général de diminuer le côté
émotif de ces phénomènes, nous permet facilement de
voir comment cette transformation s'opère. Je prends
un exemple vulgaire que chacun a pu observer plus ou
moins : les effets de la timidité — je suppose un homme
timide à l'excès, faisant une première visite à des gens
qu'il connaît peu ou ne connaît pas. Les phénomènes affectifs abondent en ce cas; ce sont des émotions de regret,
de gêne, d'ennui, des sentiments de crainte, de curiosité

parfois, etc. Supposons que le fait se renouvelle souvent, il arrive en général, sauf en des circonstances particulières que nous écarterons pour ne pas compliquer cet exposé, il arrive que tous ces phénomènes affectifs disparaissent et, s'il n'y a aucune raison pour que de nouveaux sentiments, des sentiments différents, se produisent, ils font place à une indifférence machinale.

Nous avons ici, par conséquent, deux groupes de phénomènes à peu près identiques, se ressemblant au moins extérieurement, et nous pouvons supposer cette ressemblance aussi complète que possible ; seulement, dans le premier groupe, figure un ensemble de phénomènes affectifs qui ne figure pas dans le second. Toute la question est de savoir quels sont les changements dans les causes qui ont amené ce changement dans les effets, et quelles sont les conditions qui ont disparu dans le second cas. Il ne s'agit ici, bien entendu, que de conditions psycho-physiologiques ; nous n'avons pas à tenir compte des circonstances extérieures qui, d'ailleurs, n'agissent sur les phénomènes affectifs que par l'intermédiaire des phénomènes physio-psychiques. Les conditions psycho-physiologiques, si nous les examinons, se ramènent à plusieurs faits essentiels, l'un relativement primitif, l'arrêt de quelques tendances, les autres qui peuvent être dans quelques cas des phénomènes concomitants, et dans d'autres cas des phénomènes dérivés du premier.

Nous examinerons plus tard ces derniers caractères, occupons-nous pour le moment du premier, l'arrêt des tendances.

Prenons toujours le même exemple, en supposant naturellement que le cas est très marqué. Les impulsions arrêtées sont très nombreuses. En effet, l'acte, dans les conditions que nous lui avons supposées, s'accompagne généralement d'une certaine hésitation : le timide réfléchit tout le long du chemin, et se demande

s'il ira jusqu'au bout. L'hésitation est parfois si forte,
qu'il se retourne du milieu de la route ou au moment de
mettre la main sur le timbre de la porte. En ce cas,
tous les arrêts de tendance cessent et les phénomènes
affectifs aussi, à moins qu'il n'en naisse d'autres qui
proviennent de l'arrêt des tendances, qui avaient pour
effet de faire accomplir l'acte (regret de manquer aux
bienséances, curiosité déçue, etc.). — De plus, si l'habitude du monde manque au timide, il ne saura trop comment se présenter, et s'il ne connaît pas les gens à qui
il rend visite, s'il ignore quels sont leur caractère, leurs
manières, leurs habitudes, il ignore aussi quelle est
l'attitude qu'il convient de prendre. De là vient que
plusieurs impulsions à divers actes, à diverses paroles
qui naissent dans l'esprit, sont non pas complètement
repoussées, mais enrayées et empêchées de se traduire
par des mouvements. Ajoutons aussi, comme enrayées
dans leur développement, les tendances à la manifestation libre du caractère habituel, ainsi que les impulsions à la parole enrayées, souvent au point que le
timide ne sait que dire, bien que des idées, c'est-à-dire
des tendances à la parole, puissent lui venir à l'esprit
avec quelque abondance ; ajoutons encore la répression
volontaire des mouvements instinctifs qui tendraient
à déceler la timidité ou l'embarras.

Supposons au contraire l'habitude prise, supposons
que les tendances ne subissent plus d'arrêt, le visiteur
se dirige vers une maison déterminée, se présente sans
peine, prononce les paroles obligées et prévues, le tout
se fait sans arrêt de tendance et aussi sans qu'aucun
phénomène affectif se produise (au moins à l'occasion
de ces actes), tout se fait facilement et même machinalement parfois.

Quel que soit le phénomème affectif que nous pre-
nions, nous pouvons y remarquer le même phénomène :
l'arrêt d'une tendance. Depuis nos émotions les plus

vulgaires jusqu'à nos sentiments les plus élevés et les plus complexes, toutes nous offrent la vérification de la loi. Peut-être convient-il, pour éviter le vague, de bien déterminer ce qu'il faut entendre par une tendance et par son arrêt.

Nous avons vu tout à l'heure que l'homme peut être considéré comme un complexus de phénomènes qui tend, dans une certaine mesure, à se systématiser et à systématiser le monde, mais ce n'est pas seulement dans son ensemble qu'il tend à la systématisation. Chaque partie de l'homme physique ou moral tend à s'organiser pour son propre compte, et souvent cette organisation d'une partie se fait aux dépens de l'organisation d'une autre partie. Nous avons ainsi chez l'homme une systématisation ou une juxtaposition de petits systèmes différents plus ou moins liés entre eux. Nous appelons tendance la première partie des éléments d'un de ces systèmes considérés au point de vue du temps, ceux qui se produisent avant les derniers et qui consistent en général dans une certaine activité des éléments nerveux. Si, par exemple, une mie de pain ou tout autre corps que j'avale manque sa route, et au lieu d'entrer dans l'œsophage pénètre dans le larynx, nous voyons que les impressions tactiles du corps étranger, les impressions centripètes, l'action centrale et les impulsions motrices qui déterminent par la contraction des muscles l'expulsion du corps, forment un système organisé, convergent vers un même but ; nous dirons donc que les impressions centripètes et les phénomènes centraux constituent une tendance à la contraction musculaire appropriée. C'est de l'arrêt de tendances analogues que naît le phénomène affectif. En d'autres termes, par une tendance arrêtée, j'entends une action réflexe plus ou moins compliquée qui ne peut aboutir au terme vers lequel elle aboutirait si l'organisation des phénomènes était complète, s'il y avait harmonie complète entre l'organisme

ou ses parties et leurs conditions d'existence, si le système formé par l'homme d'abord, par l'homme et le
monde extérieur ensuite, était parfait. Dans la faim
dans la soif, dans tous les besoins organiques qui se
manifestent à la conscience par des phénomènes affectifs, nous trouvons des tendances arrêtées. La faim est
un malaise général qui est dû à l'appauvrissement du
sang. On comprend que cela seul constitue ou amène
un important arrêt de tendances. Et si l'inanition se
prolonge trop, l'arrêt est d'autant plus marqué et
l'émotion aussi ; il y a aussi dans ce cas arrêt de la
tendance habituelle à satisfaire l'appétit quand il se
manifeste. Dans tous les autres besoins organiques,
comme le besoin de la miction, de la défécation, de
l'émission du sperme, etc., nous trouvons aussi que la
production du phénomène affectif est amenée par l'arrêt
d'une tendance, par une entrave mise à la systématisation de quelques éléments psychiques ou physiques.
Parfois, cet arrêt est dû précisément à une systématisation plus grande qui s'accomplit dans l'organisme, comme lorsque nous négligeons, pour accomplir un devoir, de satisfaire notre faim ou notre soif ;
mais cette circonstance qui rend légitime l'arrêt de
la tendance inférieure n'empêche pas toujours de la
sentir.

Si nous passons aux émotions causées par l'exercice
de nos sens, nous voyons qu'elles s'accompagnent
toutes d'un arrêt de certaines tendances ; une preuve
importante en est donnée par l'influence de l'habitude,
qui, en rendant plus faciles les perceptions, diminue les
phénomènes affectifs. On pourrait peut-être ramener à
cette cause tous les effets produits. Ainsi quand une
lumière trop vive nous offusque les yeux et nous cause
une impression désagréable, c'est que les habitudes de
l'œil sont contrariées, et que les tendances établies subissent un arrêt ; de même un son strident qui nous

déchire l'oreille, un corps tranchant qui nous déchire la peau, suppriment toute une série de manières d'être organiques.

Il semble peut-être au premier abord que les émotions agréables, et en général que toutes les manifestations affectives marquées d'un caractère de plaisir, ne se ramènent pas à la même loi ; si l'on y réfléchit bien cependant, on trouve, à mon avis, que là encore, quand l'émotion se produit, elle est due à ce qu'une tendance rencontre certains obstacles. Il nous est agréable, par exemple, de marcher quand nous sommes restés longtemps sans bouger ; mais il est à remarquer que le mouvement, même dans le cas où il s'accomplit facilement, ne s'accomplit pas sans un certain effort qui est précisément la cause de notre plaisir, car une fois que cet effort a complètement disparu, une fois que nous avons marché pendant un bon moment, si nous continuons à marcher d'un pas plus régulier, plus assuré, plus automatique, sans le moindre effort, le mouvement est certainement facilité, mais le plaisir disparaît et est remplacé par l'automatisme. On peut admettre que dans les premiers moments de satisfaction, quand une tendance au mouvement peut être satisfaite, la force psychique accumulée est trop considérable pour que la dépense soit égale à l'impulsion, de sorte que l'impulsion reste encore partiellement entravée. Les faits viennent à l'appui de cette supposition, car, pour conserver le même exemple, dans le premier moment de marche après un long repos, la force accumulée tend à se dépenser, non seulement par les mouvements qui constituent la marche, mais aussi par des mouvements différents et variés, des sauts, des gestes, des cris, etc. Et c'est tant que dure ce superflu d'excitation, c'est-à-dire cette tendance arrêtée, que dure le phénomène affectif. Ainsi donc le plaisir et la douleur supposent une condition générale commune aux deux en tant qu'ils sont tous deux des états affectifs, de même qu'on leur trouverait d'autres conditions communes plus générales encore, si on les envisageait, par exemple, par rapport à une qualité plus générale, celle d'être tous deux des états de conscience. Comme nous ne nous occupons pas ici de la psychologie particulière des phénomènes affectifs, nous n'avons pas à rechercher pour le moment quelles conditions particulières rendent agréable ou désagréable l'un de ces phénomènes.

Si nous nous élevons dans la hiérarchie des besoins de l'homme, et si nous nous occupons des besoins plus élevés, nous voyons toujours qu'ils ne donnent lieu à des phénomènes affectifs que lorsque la tendance qui s'éveille subit un arrêt. C'est là, à mon avis, ce qui explique ce sentiment, qu'on a nommé l'attrait du fruit défendu. Une défense imposée est un arrêt plus ou moins fort, mais réel, qui empêche la tendance qui se manifeste d'arriver à sa fin aussi facilement qu'elle l'eût fait. Alors même que la tendance arrive à se satisfaire, elle subit un arrêt qui, selon qu'il est plus ou moins fort, et qu'il s'accomplit dans telles ou telles conditions, s'accompagne d'émotions agréables ou désagréables, comme la crainte, le plaisir particulier du « fruit défendu », la joie de la difficulté vaincue, le remords, etc., etc., mais qui s'accompagne toujours de quelques émotions. On connaît le mot de cette dame espagnole, qui, après je ne sais plus quel plaisir insignifiant, regrettait qu'il n'y eût pas péché mortel à le goûter. C'est qu'un peu d'arrêt aurait augmenté l'émotion. Tout le monde sait qu'une défense augmente souvent la tendance qu'elle a pour but de réprimer, alors même qu'elle est observée, et, si elle a quelquefois aussi l'effet contraire, c'est qu'alors, pour une raison ou pour une autre, la tendance s'affaiblit ou disparaît. La cessation des phénomènes affectifs, en ce cas, n'est pas due à l'arrêt de la tendance, mais bien à sa disparition ou à son affaiblissement, comme nous aurons occasion de le voir plus clairement tout à l'heure.

Je crois n'avoir pas besoin d'insister à propos d'un grand nombre de tendances intellectuelles ou morales. On a remarqué depuis bien longtemps que les émotions de la satisfaction morale ou du remords s'émoussaient avec l'habitude, c'est-à-dire quand les actes commis n'étaient plus enrayés dans leur accomplissement par l'influence et le fonctionnement de phénomènes physio-psychologiques en antagonisme avec les tendances qui amènent ces actes. L'analyse du remords, en particulier, a montré que ce phénomène mental était produit par l'éveil de certaines tendances survenant après leur affaiblissement momentané. Il est facile de remarquer ici un arrêt dans le réveil des tendances supérieures. En effet, lorsque l'esprit, revenant à des habitudes prises depuis longtemps et fortement enracinées, retrouve la trace des actes commis sous l'influence momentanée de tendances entièrement opposées, il se produit un désaccord entre les tendances supérieures et les traces laissées par les tendances inférieures, sous forme de souvenirs ou d'habitudes commençantes. Les tendances supérieures tendent à systématiser dans un certain sens l'esprit, l'imagination, la conduite, et elles sont arrêtées dans cette œuvre par ce qui reste de l'action passagère de tendances opposées ; c'est cet arrêt qui, dans les circonstances particulières où il se produit, donne lieu aux phénomènes affectifs du remords.

En un autre domaine on a pu dire qu'il y a plus de plaisir à chercher la vérité qu'à la trouver, et que, si l'on savait tout, il ne resterait plus qu'à en finir avec la vie pour éviter un ennui sans fin. Sans examiner pour le moment ce qu'il y a de discutable dans cette proposition, je me borne à faire remarquer que ce qu'elle contient de vrai est une reconnaissance implicite du rôle de l'arrêt dans la genèse des émotions.

Je ne puis examiner en détail toutes les émotions et tous les sentiments, tels que l'amour, l'ambition, la crainte, pour y rechercher l'arrêt d'une tendance et la mettre en lumière; je crois que la tâche serait plus longue qu'utile, mais je veux examiner certains points particuliers qui peuvent prêter à la discussion.

Admettre que le sentiment, l'émotion, est dû à l'arrêt d'une tendance, c'est admettre que tout sentiment, toute émotion, tout phénomène affectif, en un mot, s'accompagne d'une tendance, qu'il n'existe pas absolument, et pour lui-même, mais qu'il fait partie d'un système, qu'il appartient à un processus dont la terminaison parfaite serait généralement un mouvement. Ceci n'est peut-être pas évident à première vue : à quelle tendance de ce genre correspondent des sentiments comme l'admiration, l'émotion esthétique pure, etc., voilà ce qui n'apparaît peut-être pas clairement tout d'abord. Que certains sentiments aient un côté actif, c'est ce qu'il est impossible de nier ; que tous les sentiments aient un côté actif, il paraît difficile de l'affirmer, et cependant il y a, à mon avis, de fortes raisons d'admettre cette proposition comme vraie.

Nous trouvons d'abord des raisons *a priori*, dans les principes de psychologie générale que nous avons exposés au début de ce volume. En effet, si l'homme est un ensemble de systèmes, recevant les impressions extérieures, les systématisant, et réagissant de manière à introduire en lui-même et dans le monde une harmonie plus grande sur tel ou tel point ou dans l'ensemble, tous les phénomènes qui se passent dans l'appareil qui, chez l'homme, est destiné à effectuer cette adaptation dans le système nerveux, ont pour effet direct ou indirect d'exercer une influence plus ou moins grande sur le mode de réaction de l'homme ; c'est-à-dire qu'il est une cause, ou au moins une condition, en d'autres termes une condition plus ou moins essentielle des mouve-

ments qui composeront les réactions variées de l'organisme humain. Mais nous pouvons examiner la question
d'une manière plus précise et plus concluante peut-être
par l'observation directe.

Prenons le sentiment qui semble le plus contemplatif
et le moins actif : l'admiration. Il est facile de voir qu'elle
ne va pas sans une tendance à agir dans un certain
sens, de manière, par exemple, à ressembler à l'objet de
notre admiration. Cela est évident dans quelques cas.
Admirer un héros, réel ou non, c'est être disposé à
quelque degré à agir comme lui dans des circonstances
analogues. Si en effet, pendant que le phénomène de l'admiration se produit, nous changeons par la pensée nos
conditions d'existence (en supposant qu'elles diffèrent
en réalité de celles qui seraient favorables à l'imitation
du personnage admiré), nous mettons immédiatement en
relief la tendance à l'acte, tendance qui se trahit quelquefois par des ébauches de gestes et qui devient au
moins consciente. Quand les circonstances le permettent, quand la tendance, tout en étant suffisamment entravée pour donner naissance à un phénomène de l'ordre
affectif, ne l'est pas suffisamment pour ne pas aboutir à
l'acte, elle se manifeste encore mieux et l'acte se produit. On dit que Soulouque, après avoir entendu racon-
ter et beaucoup admiré la clémence d'Auguste à l'égard
de Cinna, fit grâce à un de ses adversaires qui avait été
condamné à mort. La tendance à l'acte dans le cas d'admiration pour une personne, quoique n'étant pas toujours saisissable au premier abord par la conscience,
peut ainsi être mise en lumière par des réactifs appropriés.

Dans d'autres cas ce n'est pas aussi facile. C'est que
parfois la tendance à l'acte est moins marquée, parce
qu'elle est arrêtée plus tôt dans son processus. Que se
produit-il en nous, par exemple, quand nous admirons
un beau paysage ? Examinons ce cas. Il est bien évident

qu'il y a dans le plaisir causé par la vue du paysage
autre chose que le plaisir de l'œil, plaisir qui, d'ailleurs,
notons-le en passant, ne va pas non plus sans quelques
tendances à des mouvements particuliers — il y a un
plaisir intellectuel amené par un commencement de
reproduction des impressions agréables éprouvées autrefois ou qu'on pourrait éprouver en le parcourant : fraî-
cheur de l'air, impressions de température, de saison,
impressions visuelles, impressions auditives, etc. Réveil
confus et à peine perceptible, il est vrai, mais réveil
réel ; sans l'imagination concrète ou abstraite le paysage ne causerait pas une autre émotion qu'un assemblage quelconque de taches de couleurs plus ou moins
harmonieusement groupées. Mais ces souvenirs, ces
images à l'état naissant s'accompagnent d'un ensemble
de tendances, qui se trouvent elles aussi à l'état naissant,
et sont par suite à peu près imperceptibles, à faire les
mouvements qui tendent à nous faire jouir encore de
ces sensations ou qui sont associés avec elles. Nous
pouvons encore ici, par une expérience décisive, mettre
en évidence les tendances cachées. Supposons que la
contrée admirée soit à notre portée, que nous puissions
y aller facilement, que nous ne soyons pas fatigués, etc.,
en un mot que tous les faits qui pourraient empêcher les
tendances au mouvement de se manifester complètement
si elles existent, soient écartés, et nous verrons ces tendances aboutir à des mouvements, l'admiration fera
place au désir, le désir à l'acte. C'est donc que l'admiration est une tendance vers le désir et par suite vers
l'acte même dans le cas où l'émotion paraît surtout con-
templative.

   L'émotion esthétique pure, elle aussi, peut être rame-
née à la loi indiquée. Elle diffère un peu de l'émotion
que nous venons d'analyser en ce que les tendances y
sont encore moins nettes et ne peuvent guère être mon-
trées que par des procédés indirects. L'émotion es-

thétique, qui appartient à la même classe d'émotions que l'émotion morale — si même l'émotion morale n'est pas un cas particulier de l'émotion esthétique — consiste dans l'impression particulière que nous éprouvons alors que s'établissent dans notre esprit la représentation et la compréhension d'une œuvre ou d'un ensemble de phénomènes objectifs quelconques remarquablement systématisés, ou encore lorsque, à propos d'un phénomène extérieur qui ne présente pas ce caractère de complexité et de synthèse, s'éveille dans l'esprit un ensemble de phénomènes systématisés (1). Le caractère particulier de l'émotion esthétique, c'est que l'objet de l'admiration est considéré en lui-même et pour lui-même ; l'émotion est produite par le rapport des différentes parties de l'objet qui la cause ou de l'impression entre elles, non par le rapport de l'objet considéré comme un tout à d'autres objets. L'émotion esthétique ainsi comprise peut être considérée comme due à l'excitation faible d'un grand nombre de tendances. L'excitation est en ce cas trop faible pour aboutir jamais à l'acte, elle est même trop faible pour être reconnue par le sens intime comme tendance à l'acte, mais elle implique cependant, comme on peut le remarquer facilement, un réveil de sensations et d'idées qui, dans d'autres circonstances, tendent visiblement à faire commettre des actes ; et c'est justement le fait que la tendance ne peut en ce cas arriver à sa fin ordinaire, parce qu'elle est absolument enrayée dès qu'elle se produit, qui fait que les phénomènes suscités sont considérés en eux-mêmes et non comme des moyens produits en vue d'une fin quelconque, et c'est là, comme nous l'avons vu, une caractéristique de l'émotion esthétique.

Pour reprendre l'exemple employé ci-dessus, si l'on pense, en voyant un paysage peint, qu'on aurait plaisir

(1) On peut voir à ce sujet mon article sur *l'Émotion esthétique* dans la *Revue philosophique* de juin 1885.

2*

à se promener dans le lieu qu'il représente, on n'éprouve pas l'émotion esthétique pure. Dans celle-ci la tendance ne se réveille pas consciemment, les faits qui la produisent sont bien suscités dans l'esprit, mais ils ne peuvent arriver à se combiner selon le mode qui produit la tendance consciente à l'acte ; les tendances actives inhérentes à chaque phénomène psychique sont arrêtées ici dès que le phénomène apparaît ; on voit que ce fait ne diffère de l'admiration que nous avons précédemment analysée que parce que la tendance active est enrayée ici plus vite et plus complètement. L'émotion esthétique a donc ceci de particulier qu'elle est due à une excitation complexe, très systématisée, arrêtée au point où la tendance créée par l'excitation donne naissance à des phénomènes de sensation et d'intelligence.

Je trouve une confirmation de cette théorie dans les remarques faites par M. Spencer sur l'Utile et le Beau dans ses *Essais de morale, de science et d'esthétique.* D'après M. Spencer l'émotion esthétique est souvent excitée par les objets qui jadis ont été utiles à nos ancêtres. On voit combien ce fait s'explique facilement par la théorie que j'ai exposée. En effet, la vue, et en général la connaissance par les sens de ces objets s'associaient autrefois à un certain nombre d'actes très fréquents ; elle était par conséquent une tendance naissante vers de certains systèmes de mouvements, et des actes étaient souvent à cette époque déterminés par les sensations visuelles, tactiles, auditives données par les objets en question. Maintenant, au contraire, si grâce à l'hérédité et à la structure acquise ou à la connaissance que nous avons des anciennes coutumes, la tendance vient à se produire, elle est immédiatement enrayée par les habitudes différentes de toute nature que nous ont données les conditionss d'existence actuelle et elle ne se fait même pas en général reconnaître par la conscience comme ayant pour fin tel ou tel système d'actes déter-

minés. Ce sont là, comme nous l'avons vu, les conditions
de l'émotion esthétique (1).

Pour en finir avec l'analyse directe des conditions
générales de l'émotion, nous pouvons remarquer que,
quand les impulsions d'une certaine force manquent,
les sentiments font également défaut. Chacun de nous a
pu remarquer probablement que les périodes où l'on
est le moins poussé à agir sont celles où l'on est le plus
indifférent. On explique en général ce fait par la supposition que le sentiment est la cause de l'action. J'aurai
l'occasion de revenir sur ce point, je me borne pour le
moment à signaler ce fait que les facultés sensitives et
actives sont généralement atteintes en même temps.

J'ai parlé d'impulsions fortes. En effet, nous verrons
qu'il faut, pour que le phénomène affectif se produise,
que la tendance à l'activité ait une certaine force ; cela
se rapporte plus directement au second des caractères
de la cause du phénomène affectif, je veux parler de la
multiplicité des phénomènes psychiques qui l'accompagnent. Ce n'est pas seulement à l'état normal d'ailleurs
que l'on peut remarquer le phénomène que je viens de
signaler, nous trouvons aussi dans l'état morbide de
l'esprit la coïncidence de l'absence d'impulsion avec la
diminution des phénomènes affectifs. Voici ce que dit,
par exemple, un des malades atteints de cette affection
nerveuse que le docteur Krishaber appelait la névropathie cérébro-cardiaque.

« Mes *facultés affectives* furent aussitôt *atteintes* que
les autres ; mes amis, ma famille me devinrent indifférents ; à peine pouvais-je et après un effort m'occuper
de mes enfants lorsqu'ils étaient malades.....

(1) Il se produit ici un phénomène analogue à ceux qu'a examinés
M. Setchénoff, dans ses *Études psychologiques*. Je dois signaler ici le
rôle important que jouent les actions d'arrêt dans la psychologie de
M. Setchénoff. L'idée de l'arrêt comme cause du désir est indiquée
par Bain ; voir *les Émotions et la Volonté*, p. 410, trad. Le Monnier,
1884, F. Alcan.

« Lorsque je n'étais pas excité, j'étais taciturne, abattu, complètement indifférent à tout.....

« En dehors des mouvements d'exaltation, j'étais sans volonté, sans énergie, tout esprit d'initiative était brisé en moi (1). »

Enfin, par des procédés indirects, on peut mettre en lumière aussi le rôle de l'arrêt des tendances dans la production des phénomènes affectifs. C'est ce que semblent établir, par exemple, les recherches des physiologistes sur l'échauffement des centres nerveux en activité, et sur l'afflux du sang au cerveau.

Je transcris ici une expérience de Schiff, citée par M. Herzen (2). On y remarquera facilement comment la modification de l'expérience faite de manière à causer une tendance plus active et une émotion correspondante se traduit par une augmentation de la température du cerveau, c'est-à-dire par une activité cérébrale plus considérable et moins automatique, plus complexe et plus arrêtée.

« Lorsque, après avoir tout disposé pour l'expérience, on présentait à l'animal, à plusieurs reprises, un petit morceau de papier *vide*, on obtenait au commencement une légère déviation du miroir, déviation qui allait en diminuant, et qui devenait presque nulle après que l'expérience avait été répétée plusieurs fois de suite. On mettait ensuite dans le papier un morceau de lard rôti, et on l'approchait de nouveau du museau de l'animal toujours immobile : les narines du chien se dilataient visiblement, il flairait le papier, et en même temps on observait une déviation brusque de cinq à huit degrés au galvanomètre. Le miroir ne revenait pas immédiatement jusqu'au zéro, mais ne reculait que d'un ou de deux degrés pour dévier une seconde fois de deux, de

---

(1) Krishaber, *De la névropathie cérébro-cardiaque*. Obs. II.
(2) Herzen, *Échauffement des centres nerveux par le fait de leur activité. Revue philosophique*, 1877, I, 46.

trois, ou même de quatre degrés ; ce retour suivi d'une
nouvelle déviation se répétait souvent une troisième
fois. L'animal, pendant ces oscillations, avait toujours
le morceau de lard sous le nez. Quelquefois, dans ces
expériences, il survenait des mouvements de la tête qui,
s'ils n'étaient pas excessifs, ne faisaient dévier le miroir
ni plus fortement, ni plus rapidement. Mais, chez les
animaux plus apathiques, que je choisissais de préfé-
rence pour ce genre d'observations, chez les animaux
qui avaient envie de manger, tous les mouvements se
bornaient à ceux du flair, et néanmoins la déviation
était si prononcée qu'on ne pouvait pas la confondre
avec les oscillations produites par la seule présentation
du papier vide. Lorsque, au lieu de lard, on mettait dans
le papier une petite éponge imbibée de créosote, la déviation se présentait davantage, mais jamais autant que
si l'on présentait du lard, du fromage ou des os rôtis,
même chez les animaux trop malades encore pour
prendre de la nourriture solide et qui, après les expériences, refusaient de manger les mêmes substances
qui, pendant les expériences, avaient excité leur odo-
rat (1). »

Pour l'afflux considérable du sang au cerveau, nous
en trouvons des preuves dans les belles expériences de
M. Mosso ou dans ses observations : « Nous regardions,
dans un silence religieux, la courbe que traçait le pouls
cérébral sur l'appareil enregistreur, le sujet était une
femme, chez qui une plaie du crâne avait mis par en-
droits le cerveau à découvert, lorsque tout à coup, et
sans cause apparente, les pulsations devinrent plus am-
ples et le cerveau se gonfla... Elle me dit alors que
pendant que, distraite, elle avait jeté les yeux sur l'ar-
moire placée en face, elle avait vu un crâne à travers les

---

(1) Voir aussi sur les rapports de l'émotion et de la température du
cerveau : Hack Tuke, *le Corps et l'Esprit*, p. 215.

livres, ce qui, en la faisant songer à sa maladie, lui avait causé une émotion terrible (1). Nous trouvons un fait semblable, manifesté par un ami de M. Mosso, qui se prêtait à ses expériences. Le principe de ces expériences, comme on le sait, est la diminution du sang dans le corps, dans le bras en particulier, pendant que le sang se porte avec force au cerveau : « Pendant qu'il se trouvait devant l'appareil enregistreur, avec les bras dans deux cylindres de verre pleins d'eau, le professeur Ludwig entra. Immédiatement les deux pointes qui indiquaient le volume du bras descendirent, laissant sur le papier une raie noire verticale d'une longueur d'environ dix centimètres. C'était la première fois que je voyais se produire, par l'effet d'une émotion en apparence légère, une diminution aussi considérable du volume de la main et de l'avant-bras (2). »

C'est à l'aide de l'analyse que nous avons pu jusqu'ici retrouver dans tout phénomène affectif le fait de l'arrêt de tendances; nous pouvons faire la contre-épreuve, et voir à l'aide de la synthèse comment, lorsqu'une tendance se développe et subit un arrêt, elle donne naissance à des émotions et à des sentiments.

Nous trouvons un précieux exemple de naissance d'une émotion par le fait de l'arrêt d'une tendance, dans le fonctionnement anormal de certaines fonctions organiques. Nous respirons, par exemple, sans ressentir aucune émotion, tant que l'action réflexe, qui met en jeu les poumons, les côtes, le diaphragme, etc., ne rencontre aucun obstacle; aucun phénomène affectif ne se produit. Si, au contraire, nous essayons de retenir notre respiration ou si un obstacle quelconque vient à gêner nos mouvements, la tendance réflexe arrêtée donne

(1) Mosso, la Peur, p. 49, trad. F. Hément, 1886, F. Alcan.
(2) Même ouvrage, p. 68.

naissance à des impressions de suffocation et d'angoisse. Les fonctions purement organiques donnent lieu de cette manière à des phénomènes émotifs quand elles sont entravées. « L'estomac qui, en général, ne nous donne que très peu de sensations, peut, dans l'état pathologique, devenir très sensible pour notre conscience à la présence des aliments ou des corps étrangers (1). » Le phénomène, ici, est aussi net que possible ; aussi longtemps que la fonction s'opère librement, nous n'en avons pas conscience ; quand elle est entravée, nous éprouvons une émotion. Le phénomène de l'arrêt est surtout mis en lumière par les émotions douloureuses ; cependant nous avons des raisons de croire que l'impression agréable est produite, elle aussi, par un arrêt d'une tendance active.

L'excitation qui provient des organes génitaux, alors qu'ils ont acquis tout leur développement et la multitude d'émotions et de sentiments qui en dérivent, donne un bon exemple de cette synthèse psychologique qui nous montre la formation d'une tendance et son arrêt, donnant naissance à des phénomènes affectifs. Nous prenons ici le phénomène normal du désir, survenant alors que les conditions physiologiques de sa satisfaction ont fait leur apparition. Je sais bien qu'il n'en est pas toujours ainsi, mais les exceptions n'infirment en rien la loi d'arrêt dans la production de l'émotion. Il se peut, en effet, que de certains cerveaux soient organisés de façon à ressentir le désir sexuel, non pas à propos de l'excitation qui leur vient des organes de la génération, mais à propos d'une autre excitation quelconque ; l'imagination, l'exemple, l'hérédité doivent jouer un rôle dans ce phénomène, où nous retrouverions encore l'émotion causée par un arrêt ; mais nous pouvons négliger ces cas sans aucun inconvénient, pour le sujet

(1) Kuss et Duval, *Cours de physiologie.*

qui nous occupe ici. Il est hors de doute que le désir
sexuel est excité normalement par un état particulier
de l'organisme, déterminant une tendance vers certains
actes. Les phénomènes affectifs qui dérivent de l'arrêt
de cette tendance et de l'impuissance où l'individu se
trouve, soit de la satisfaire à quelque degré, soit de la
satisfaire complètement, ont été souvent signalés.
« L'ennui à l'époque de la puberté, dit Esquirol, résulte d'un besoin vague dont l'objet est inconnu à celui
qui l'éprouve ; ce besoin fait naître une inquiétude qui
jette dans la tristesse, laquelle porte à l'ennui (1). » Griesinger signale les conséquences pathologiques d'un
arrêt excessif de la tendance au rapprochement sexuel.
« Il n'est pas rare, surtout chez les femmes, que
cette circonstance (la non-satisfaction des fonctions génitales) ait une part d'influence sur la production de
l'aliénation, et généralement, alors, elle donne un certain cachet à la folie qui éclate sous l'influence d'une
autre cause quelconque ; le penchant longtemps ré-
primé se manifeste alors ordinairement sous la forme
de délire amoureux et sexuel, tantôt simplement idéal,
tantôt ouvertement sensuel (2). »

Nous aurons occasion de voir ailleurs, à propos de la
formation et de l'organisation du caractère, comment
certaines tendances se forment par la combinaison et
la systématisation de tendances différentes. Pour le moment, je me contenterai de signaler le fait, pour faire
remarquer combien se vérifie encore par cette synthèse
la loi de l'arrêt. Ainsi, le besoin de fumer peut devenir
très impérieux une fois que l'acte auquel il tend est de-
venu une habitude, il peut faire éprouver de cruelles
souffrances si l'impulsion qu'il amène est absolument
contrariée, et de vifs plaisirs si elle est satisfaite non

(1) Esquirol, *Maladies mentales*, 1, 553.
(2) Griesinger, *Traité des maladies mentales*, 236.

pas complètement, mais à un degré suffisant. Cependant le goût du tabac n'est pas inné, et en général, la première fois que l'on fume, l'acte n'est pas à proprement parler amené par le désir de la sensation particulière que donne cet acte, représentée comme telle, puisqu'on ne la connaît pas encore. De plus, l'opération n'est pas toujours agréable au premier essai ; il est donc manifeste que l'acte et l'impulsion, selon un mode que je décrirai plus loin, tendent à devenir une habitude, donnent lieu à une tendance persistante et que les débuts de la tendance sont la cause et non pas l'effet des phénomènes affectifs qui se produisent. Nous voyons, par conséquent, que le plaisir ou la douleur, que le phénomène affectif en général ne doit pas être considéré comme une cause de l'acte, mais bien que la tendance à l'acte précède et cause les phénomènes émotifs. C'est la reconnaissance d'une loi de cette nature qui a pu conduire Pascal à conseiller les pratiques pour faire venir la foi. C'est un fait que l'on peut se donner, sans y être poussé par des phénomènes affectifs, certaines habitudes dont le développement et l'arrêt plus ou moins considérables produisent ensuite les phénomènes affectifs qui paraissent être la cause de la tendance. C'est ainsi qu'on a quelquefois de la peine à rompre des habitudes insignifiantes, qu'on a prises indifféremment, qui étant satisfaites n'ont jamais produit de phénomènes émotionnels bien marqués, mais qui, étant menacées ou rompues, font éprouver une gêne, un ennui suffisant quelquefois pour empêcher qu'on ne les abandonne. En effet, un acte devient en général, et toutes choses égales d'ailleurs, d'autant plus facile à accomplir qu'il a été accompli plus souvent, et la tendance à accomplir cet acte devient plus forte, plus facilement et plus fréquemment éveillée. Plusieurs cas peuvent se présenter : ou bien la tendance est parfaitement satisfaite ; dans ce cas, l'habitude devient machinale, presque inconsciente, et tourne à l'instinct ; ou

bien elle est suffisamment satisfaite, et l'arrêt est suffisant pour faire éprouver des besoins plus ou moins vifs,
et un plaisir plus ou moins grand quand ils sont satis-
faits, ou bien enfin la tendance devient trop forte, les
moyens de la satisfaire font relativement défaut, l'arrêt
est plus marqué, et alors des phénomènes affectifs
d'un autre genre, de la douleur, du regret, etc., se produisent jusqu'à ce que la tendance soit satisfaite ou disparaisse, jusqu'à ce qu'il n'y ait plus d'arrêt ou jusqu'à
ce qu'il n'y ait plus de tendance. C'est peut-être au
dernier de ces cas, celui où la tendance s'accroît plus
rapidement que les moyens de la satisfaire, qu'il faut
rapporter le fait suivant cité par M. Legrand du Saulle
d'après Trélat : « Mme de X... appartient à une famille
très considérable par sa fortune, par son rang et par les
dignités dont elle est revêtue. Sa mère, malgré son opu-
lence, s'est appliquée à lui donner des principes sévères
et des habitudes modestes. L'une et l'autre passaient
une grande partie de l'année à la campagne où cette
jeune personne montra le caractère le plus facile et les
goûts les plus paisibles. Elle aimait à élever des oiseaux
dans une volière et à soigner sa collection de papillons.
On ne lui connut pas d'autre plaisir jusqu'à vingt-deux
ans, époque de son mariage. Mais alors, aussitôt qu'elle
eut des rapports sexuels, il se développa en elle des appétits libidineux insatiables qui ne trouvèrent que trop
d'occasions de se produire (1). » M. Griesinger indique
toute une série de faits qui montrent également la priorité de la tendance et de l'excitation par rapport aux
sentiments. « Dans le sexe masculin, tous les troubles
de fonctions génitales que l'on comprend sous le nom
de pertes séminales involontaires, de pollutions diurnes,
etc., ont une importance considérable. Les anomalies

(1) Legrand du Saulle. Appendice sur les Nymphomanes dans le
volume intitulé : les Hystériques, p. 599-600.

dans lesquelles évidemment la perte de liqueur sémi-
nale n'est que rarement le fait capital, dépendent souvent, ainsi que l'a montré Lallemand, de maladies locales
de la muqueuse uréthrale, des vésicules séminales, etc. ;
dans d'autres cas, elles proviennent surtout du système
nerveux; ordinairement, elles sont précédées, pendant
un temps assez long, d'une grande surexcitation sexuelle
(pollutions exagérées), qui est moins la cause de ces
anomalies qu'elle n'est un symptôme de l'existence
d'une irritation considérable de ces parties ; une fois
qu'elles sont établies, ces anomalies se manifestent
par une suppression plus ou moins complète des désirs
sexuels, par une grande diminution de l'érection, par
l'impuissance, liées à tous les dérangements possibles du
côté de la sensibilité et du moral, qui tantôt constituent
la véritable hystérie de l'homme, et tantôt représentent
un état d'hypocondrie profonde (1). »

Il importe peu d'ailleurs que les impulsions au mouvement apparaissent comme la conséquence d'une excitation extérieure ou provenant de l'intérieur du corps ;
elles peuvent être, au moins en apparence, de nature
purement cérébrale. Telles sont, par exemple, les impulsions de certains névropathes ou de certains fous. Ici encore les phénomènes affectifs nous apparaissent comme
précédés par l'impulsion qui leur donne naissance, et
nous voyons le phénomène affectif devenir plus net et
plus fort à mesure que l'impulsion s'accroît. « Ces dé-
plorables impulsions, 'it Esquirol en parlant de certaines tendances au meurtre, ne sont provoquées ni par
la haine, ni par la colère, comme chez les maniaques
furieux; elles sont spontanées, fugaces, étrangères,
même au délire habituel (2) »... « Quelquefois, les mono-
maniaques homicides sont agités par une lutte inté-

(1) Griesinger, *Mal. ment.*, p. 237.
(2) Esquirol. *Des maladies mentales*, II, 104.

rieure entre l'impulsion au meurtre et les sentiments
et les motifs qui les en éloignent; la violence de cette
lutte est composée en raison de la force de l'impulsion
et du degré d'intelligence et de sensibilité conservées.
Cela est si vrai que souvent les aliénés, quel que soit le
caractère du délire, ont des velléités pour le meurtre;
ces velléités sont sans entrainements; chez d'autres, le
désir de tuer est grand, se renouvelle souvent et est
combattu par le malade; chez quelques-uns, l'impulsion
est plus énergique, il s'établit une lutte extérieure qui
trouble, agite le malade et le jette dans des angoisses
affreuses; enfin, chez un petit nombre, l'impulsion est
si violente et si instantanée qu'il n'y a point de lutte et
que l'action suit immédiatement. »

Enfin, l'expérimentation psychologique a montré que
l'on peut faire commettre tel ou tel acte déterminé à une
personne mise en état de somnambulisme, même assez
longtemps après son réveil. Ici on crée une tendance
directement, non par l'intermédiaire d'un sentiment
quelconque, et les faits prouvent que cette tendance,
lorsqu'elle est entravée, s'accompagne de phénomènes
affectifs. J'emprunte quelques faits aux études de
M. Richet : « Je dis à V... : « Caresse ce chien. » Aussitôt
elle va le caresser. Si le chien cherche à se dérober à
cette étreinte, V... court après lui, le suit dans tous ses
détours, et s'il sort de la pièce essaye de le rejoindre.
Si l'on met un fauteuil ou un banc pour l'empêcher de
passer, elle renverse cet obstacle, ou, si elle n'y réussit
pas, s'en irrite et le repousse avec colère..... Si je dis à
A... de s'habiller et de sortir, elle va aussitôt prendre les
objets nécessaires à sa toilette; elle réfléchit d'abord,
puis, après avoir bien réfléchi, va les yeux, fermés chercher l'objet à la place qu'il doit occuper. La méditation
de l'acte est lente, mais l'acte est accompli avec une vivacité extraordinaire. Si une serrure, un cordon ou tout
autre obstacle offrent quelque résistance, A... s'impa-

tiente, s'irrite et bouleverse avec colère tout ce qui s'oppose à son intention (1). »

Je crois inutile de continuer plus longtemps cette démonstration de l'existence du phénomène de l'arrêt comme condition nécessaire de la production des phénomènes affectifs. Toutefois, si tout phénomène affectif est produit par un arrêt de tendances, la réciproque n'est pas vraie, et tout arrêt de tendances ne produit pas un phénomène affectif. Nous verrons dans les chapitres suivants, en étudiant les autres conditions de production des phénomènes affectifs, que l'arrêt d'une tendance peut ne s'accompagner d'aucun phénomène de conscience, ou s'accompagner simplement d'un phénomène intellectuel. La recherche des autres conditions de l'apparition des émotions et des sentiments nous permettra de préciser davantage la loi de l'arrêt et de marquer le caractère que présente ce phénomène d'arrêt dans tous les cas, et seulement dans le cas où il s'accompagne de la production d'un phénomène-affectif.

II

LA MULTIPLICITÉ DES PHÉNOMÈNES

Que la multiplicité des phénomènes nerveux et conscients doive être un des caractères principaux de la production d'une émotion, cela pourrait se déduire a *priori* jusqu'à un certain point du premier caractère que nous avons reconnu à la cause des phénomènes affectifs. En

(1) Ch. Richet. *L'Homme et l'intelligence*, pp. 188-189, 1884, F. Alcan.

effet, si la production d'une émotion s'accompagne toujours de l'arrêt d'une tendance, si cette tendance surtout possède un degré d'énergie assez élevé, ce qui est, relativement au moins, une des conditions voulues, la force nerveuse absorbée par cette tendance doit se dépenser en produisant d'autres phénomènes purement nerveux, ou nervoso-psychiques, et ce sera là évidemment un caractère constant de l'émotion. Cependant, cette explication ne peut être absolument généralisée ; il se produit, par exemple, des phénomènes d'inhibition qui ne rentrent qu'indirectement dans la formule précédente, et les différents modes d'action nerveuse ne sont pas assez connus encore pour que la psychologie puisse tirer tout le profit possible des connaissances physiologiques. Quelle que soit d'ailleurs la cause directe et la nature physiologique du trouble nerveux, l'observation directe et l'observation indirecte, tous les procédés de connaissance que nous pouvons avoir pour reconnaître l'existence des phénomènes nerveux et psychiques nous montrent une multiplicité remarquable de phénomènes accompagnant l'apparition d'un phénomène de l'ordre affectif. Ces phénomènes concomitants peuvent être de plusieurs espèces, ils peuvent être physiques ou psychiques, et ces derniers peuvent être soit des phénomènes de l'ordre intellectuel, soit des phénomènes de l'ordre affectif.

1° Les phénomènes physiques qui accompagnent les émotions sont généralement connus et ont été étudiés sous le nom d'expression des émotions. Je n'ai qu'à rappeler les ouvrages de Darwin, de Spencer, de Dumont, de Mantegazza, pour montrer qu'il y a là un fait des plus importants. Il ne saurait entrer dans le plan de cette étude de faire une étude particulière de l'expression des émotions. Rappelons seulement que les mouvements qui constituent cette expression paraissent, *toutes choses égales d'ailleurs*, augmenter à mesure que l'émotion

augmente elle-même, c'est-à-dire que l'impulsion est
plus forte et que l'arrêt est plus marqué. Remarquons
encore que l'expression des émotions implique en général l'arrêt de la tendance qui leur donne naissance
Certains mouvements, en effet, sont simplement l'é-
bauche de gestes que commanderait la systématisation
générale de l'organisme. Le mouvement de recul, par
exemple, que détermine une impression d'horreur, est
l'ébauche, ou le commencement d'un système d'actes
tendant à soustraire l'organisme à des causes qui tendent à le détruire. Ce qui est menacé en ce cas idéale-
ment, c'est-à-dire faiblement arrêté, ce sont nos habitudes
générales d'esprit, d'imagination, l'ensemble des tendances qui constituent notre personnalité ; cet arrêt et
la multiplicité de phénomènes qui en dérivent et parmi
lesquels se trouvent en général un mouvement de recul plus ou moins prononcé, et l'envoi des mains en
avant comme pour écarter une cause de danger, donnent naissance à un phénomène affectif. D'autres fois,
les mouvements ne paraissent avoir aucun rapport logique avec la cause de l'émotion, c'est-à-dire qu'ils ne
font pas partie d'un système, qu'ils résultent d'une diffusion non systématisée de l'excitation nerveuse. C'est
dans cette classe de phénomènes qu'il faut ranger les
mouvements convulsifs qui accompagnent la douleur ou
la joie, en particulier les phénomènes du rire. Léon
Dumont et M. H. Spencer ont établi tous les deux ce
fait général que les mouvements du rire sont produits
par une excitation nerveuse qui ne trouve pas à se dépenser en ces phénomènes nerveux qui s'accompagnent
d'idées ou de sentiments. Leurs théories, qui diffèrent
dans le détail, s'accordent sur ce fait général, le seul qui
nous importe pour le moment ; c'est aussi dans cette
classe, sans doute, qu'il convient de ranger les faits
où nous voyons une excitation nerveuse donner naissance à un sentiment, et ensuite à une convulsion, à

une attaque d'épilepsie. L'habitude joue un rôle dans la production du phénomène et il paraît, en certains cas et pour certaines personnes, que l'excitation nerveuse arrêtée et engendrant une émotion d'espèce particulière se transforme en accès épileptique, comme chez d'autres personnes, et en d'autres circonstances, elle se manifeste par tel ou tel geste particulier à telle ou telle personne, ou commun à un grand nombre de gens. « De cette facilité qu'ont les accès (d'épilepsie) à se reproduire, dit Esquirol, il semble démontré qu'il reste après le premier accès dans l'organisme, dans le système nerveux, une disposition spéciale qui, à la moindre cause, est mise en action et détermine de nouveaux accès..... Une femme a un violent chagrin, elle devient épileptique, le plus léger chagrin provoque les accès. — Un enfant est effrayé par un chien et devient épileptique, il a un accès chaque fois qu'il entend aboyer un chien.... Un autre devient épileptique après un accès de colère ; la plus légère contrariété provoque les accès (1). »

2° A côté de ces phénomènes de mouvement, nous avons d'autres phénomènes qui accompagnent également la production des phénomènes affectifs ; ce sont les phénomènes fonctionnels présentés par les organes de la vie végétative. Bain, Maudsley, Claude Bernard ont étudié ces phénomènes. Je n'en dirai que peu de chose ici, et simplement pour montrer de quelle quantité de phénomènes variés se composent les conditions de l'émotion. « Une émotion, dit M. Maudsley, augmente ou diminue les sécrétions ou en modifie la nature ; elle fait couler les larmes, elle altère la bile et fait que la langue se colle au palais ; l'on peut dire qu'il n'y a pas un acte nutritif que l'émotion ne puisse affecter, et, selon sa nature agréable ou désagréable, qu'elle ne puisse fortifier ou affaiblir (2). »

(1) Maudsley. *Physiologie de l'Esprit*, p. 360.
(2) Esquirol. Ouv. cité, tome I, pp. 296-297.

D'après Bain, les effets organiques de l'émotion se font sentir principalement sur la glande lacrymale, les organes sexuels, les organes digestifs, la peau, le cœur, les poumons, les glandes mammaires. Tout le monde sait que certaines émotions vives, la joie, l'enthousiasme, la tendresse, la souffrance surtout peuvent augmenter la sécrétion des larmes au point d'amener des pleurs ; les passions déprimantes enlèvent l'appétit, elles dérangent le fonctionnement de l'estomac, du foie, des intestins. La peur, en amenant une paralysie nerveuse des nerfs de l'intestin, et particulièrement des vaso-moteurs, produit une affluence de produits liquides dans le tube intestinal. Signalons encore, d'après divers auteurs, la sensation d'étouffement qui se produit dans le pharynx pendant le paroxysme d'une vive douleur, les modifications de la sueur ; la sécrétion de la sueur s'effectue par l'influence du système nerveux ; la peur, une émotion déprimante amènent des sueurs froides. Les mouvements du cœur sont, comme on sait, fortement influencés par les sentiments et les émotions par le moyen du nerf pneumo-gastrique. Les modifications de la respiration, l'oppression, les sanglots, la rougeur de la honte et de la colère sont encore des phénomènes sur lesquels je n'ai nul besoin d'insister. Les phénomènes physiologiques nombreux et mal coordonnés qui accompagnent le phénomène affectif nous donnent l'un des caractères les plus tranchés de ce phénomène. Dans l'activité purement intellectuelle, on ne remarque pas ce cortège important de faits physiologiques ; ce n'est pas que ces faits disparaissent entièrement, mais ils sont beaucoup moins nombreux et surtout beaucoup moins sensibles.

3° Enfin les phénomènes psychiques ne sont pas moins abondants que les autres. Toujours dans l'émotion nous voyons une longue suite d'idées et de sentiments quelquefois logiques, quelquefois incohérents, s'éveiller et assaillir l'esprit. Quand une de nos tendances assez

3*

forte est contrariée ou au moins enrayée d'une manière
suffisante, ce cortège de phénomènes pyschiques ne
manque guère. Prenons, je suppose, une attente trompée.
Une personne attend une autre personne et l'heure du
rendez-vous passe sans qu'elle la voie arriver. Il y a là
évidemment un arrêt de tendances ; les tendances varient
naturellement selon l'objet du rendez-vous. Mais si
nous supposons qu'il s'agisse d'une chose importante,
qu'il s'agisse d'un rendez-vous d'affaires ou d'un rendez-vous d'amour, les tendances arrêtées donneront
naissance à une foule de phénomènes, qui, selon les cas,
varieront plus ou moins. L'imagination se met en branle,
des sentiments accessoires s'éveillent ; les suppositions
les plus vraisemblables d'abord, les plus invraisembla-
bles ensuite, si la personne est de celles chez qui les associations s'effectuent avec facilité, ne tarderont pas à se
produire. Une femme nerveuse, dont le mari ou l'enfant
ne rentre pas juste à l'heure du dîner, s'imagine volon-
tiers qu'il a été volé, assassiné, écrasé, et les idées, en
amenant l'arrêt de nouvelles tendances ou en accen-
tuant cet arrêt, produisent de nouvelles émotions et de
nouvelles séries d'idées. Je puis citer le fait suivant : Un
enfant de quatre ou cinq ans avait l'habitude de voir
tous les matins sa mère s'approcher de son lit et rester
avec lui. Un matin, on le laissa seul plus longtemps que
d'habitude. L'ennui, d'abord, l'impatience, puis la crainte
ne tardèrent pas à se manifester à la suite de cet arrêt
de tendances. L'émotion se manifeste physiquement par
des cris, il appelle sa mère, puis sa bonne, puis une
voisine, personne ne l'entend ; elle se manifeste encore
par des mouvements, des larmes, etc. Psychiquement,
les phénomènes ne sont pas moins nombreux ; il réfléchit sur les causes qui peuvent motiver ce retard, il
passe de l'une à l'autre et en vient à imaginer que ses
parents se sont peut-être absentés, ou même ont changé
de domicile et l'ont momentanément négligé. « Un en-

fant, pense-t-il, cela peut s'oublier. » Notez que son
expérience personnelle ne lui donnait aucunement le
droit d'avoir de pareilles idées, et que lui-même ne les
prenait pas fort au sérieux, mais forcément son imagination travaillait, et les phénomènes intellectuels et
affectifs se multipliaient en lui.

Lorsque les tendances dont le fonctionnement régulier
ne donne lieu à aucun phénomène affectif ou même
conscient sont entravées, nous avons vu que cet arrêt
s'accompagne d'émotions ou de sentiments ; il est facile
de remarquer encore en ce cas que la production du
sentiment s'accompagne toujours de la mise en activité d'un nombre relativement plus considérable d'éléments psychiques. Ainsi, la respiration qui à l'état normal est un phénomène relativement simple, se complique
beaucoup au point de vue psychologique quand elle est
entravée et qu'elle donne lieu à des émotions particulières. La naissance même de ces émotions est une complication ; de plus, apparaissent plusieurs idées et plusieurs images ; idées suscitées pour se débarrasser de
l'oppression, images engendrées par elles. Le même
fait arrive, quelle que soit la tendance arrêtée et l'émotion produite ; la soif, la faim, l'amour, la haine, quand
le sentiment est assez fort, s'accompagnent d'un grand
nombre d'idées et d'images, soit cohérentes et systématisées, comme cela se produit quand la passion et le désir
inspirent à l'homme les moyens de les satisfaire et que
ces moyens sont bien appropriés, soit moins cohérentes,
et même tout à fait incohérentes quand il s'agit d'idées
et d'images éveillées, soit simplement par ressemblance
et contiguïté, soit par une association dont on ne peut
guère déterminer le mode.

Le premier caractère est peut-être celui qu'on remarque le plus, bien qu'il ne soit pas le plus fréquent, même
dans la vie normale. Mais on a l'habitude de croire que
les associations à peu près complètement systématisées,

c'est-à-dire, en un mot, la raison, tiennent dans la vie de l'homme une place beaucoup plus importante que celle qu'elles ont en réalité. De plus, on croit souvent qu'il s'agit là d'un phénomène plus naturel en quelque sorte et tout à fait différent. D'un autre côté j'insisterais, si c'en était ici le lieu, sur le fait que l'association systématisée a été trop négligée par la plupart des psychologues de l'école empirique, car ce serait une question importante de savoir si l'association systématisée se ramène à l'association par contiguïté et par ressemblance ou bien si, au contraire, les associations par contiguïté et par ressemblance ne se laisseraient pas ramener à l'association systématisée et expliquer par elle. J'examinerai ailleurs cette question, mais il suffit ici de nous occuper du rôle des différents modes d'association dans la production du sentiment.

Si donc, en nous plaçant à ce point de vue, nous examinons les phénomènes nombreux qui se produisent alors que naît une émotion, nous trouverons que le caractère de ces phénomènes est d'être relativement assez mal systématisés soit entre eux, soit avec l'ensemble de l'organisme. Un grand nombre des mouvements ou des phénomènes de la vie organique déterminés par une forte émotion paraissent n'avoir aucune utilité. Et, d'une manière générale, plus le caractère affectif du phénomène est marqué, et plus aussi les manifestations de l'émotion seront dépourvues d'harmonie. Ainsi un homme qui est dans une colère modérée trouve encore de bonnes raisons à opposer à son adversaire et des reproches sensés à lui faire. Mais si la colère arrive à son paroxysme, il y a beaucoup plus de chances pour qu'il ne laisse échapper que des paroles absurdes ou des invectives ou des jurons sans signification, ou des interjections à peine articulées. Je n'insiste pas là-dessus, il est de connaissance vulgaire que dans les émotions et les passions extrêmes on « perd la tête ». Ce qui signifie, à

notre point de vue que l'arrêt d'une impulsion extrêmement forte s'accompagne de la production d'un ensemble
de phénomènes psychiques très peu systématisés. Rappelons, à ce point de vue, l'influence des phénomènes
affectifs sur la production de la folie, qui n'est autre
chose qu'une perte de l'harmonie des phénomènes psycho-organiques, entre eux, ou avec le reste de l'organisme et le milieu. « Parmi les causes morales (de la
folie), dit Griesinger (1), il faut avant tout comprendre
les passions et les émotions, car c'est un fait certain
que la simple contention exagérée de l'esprit sans émotion concomitante, sans autre cause importante (excès
quelconques, insomnie provoquée par les excitants) ne
détermine que très rarement la folie. Il en est tout
autrement des émotions fortes ou persistantes, et, en
particulier des sentiments pénibles, pertes de fortune
etc., des émotions déprimantes, tandis qu'au contraire,
il est extrêmement rare qu'une joie immodérée détermine à elle seule la folie, si tant est que cela arrive
même jamais. » On ne peut guère par conséquent être
« fou de joie » qu'au figuré. Néanmoins l'expression
marque bien le trouble des phénomènes qui constituent
une des conditions de l'émotion, et si le trouble apporté
par la joie est moins profond que le trouble qui cause la
douleur, c'est là un phénomène qui n'est nullement
inexplicable, les émotions douloureuses ayant ceci de
particulier qu'elles tendent à introduire dans l'organisme
des idées, des sensations, des habitudes entièrement en
désaccord avec l'organisation déjà existante. « Nul doute,
dit également M. Maudsley, que si l'homme pouvait
atteindre ainsi à la liberté en modérant ou surveillant
l'élément affectif ou émotionnel de sa nature, il ne dimi-
nuât considérablement la somme de folie existant en ce
monde ; il serait en effet débarrassé du coup de ce qu'on

(1) Griesinger. Ouvr. cité, p. 107.

appelle les causes morales de cette maladie. Il est bien rare, si même cela arrive jamais, qu'un homme devienne fou par excès d'activité intellectuelle, si celle-ci n'est accompagnée du trouble des émotions ; c'est quand les sentiments sont profondément engagés que la stabilité de l'esprit est le plus en danger (1). »

Les expériences des physiologistes ont permis de trouver la loi des phénomènes réflexes de la moelle ; une excitation faite par exemple sur la patte d'une grenouille amène comme réaction un mouvement de la patte qui a senti l'excitation ; si l'excitation devient plus forte, la réaction se manifeste par le mouvement des deux pattes ; si on l'augmente encore, les quatre membres entrent en activité. L'excitation en augmentant de force se diffuse ainsi peu à peu dans le système nerveux. Nous trouvons en psychologie des faits de même nature, et plusieurs psychologues en ont étudié quelques-uns. Ici nous voyons bien se vérifier une loi analogue. Si une impulsion est arrêtée ou enrayée, et que l'excitation, qu'elle vienne directement ou indirectement du dehors, soit très forte, nous voyons que la force nerveuse se dépense d'abord en impressions systématisées que l'association rend plus facilement accessibles ; mais si la force de l'impulsion augmente, des associations plus éloignées se présentent, l'excitation devient plus générale, elle éveille ainsi des systèmes de pensées et d'impressions qui se rattachent moins directement à la cause de l'impression, de même les mouvements associés deviennent de moins en moins systématisés et ressemblent à des convulsions.

Nous pouvons ici comme tout à l'heure faire une sorte de contre-épreuve et montrer comment, lorsque les phénomènes dont nous venons de parler viennent à disparaître, le phénomène affectif disparaît aussi, et

(1) Maudsley. *Le Crime et la Folie.* Trad. franç. p. 284, 1885, F. Alcan.

réciproquement. La méthode de différence, comme la méthode de concordance, nous conduit à ce résultat que dans la production d'un phénomène affectif un grand nombre d'éléments psychiques sont éveillés. Nous pouvons trouver une vérification de la loi, comme nous l'avons déjà fait, dans les effets de l'habitude. Par exemple, lorsqu'un fait qui nous a profondément émus une fois vient à se reproduire, si l'émotion diminue, nous voyons aussi diminuer le nombre des phénomènes éveillés par une sorte de réflexe psychique. Une plaisanterie qui nous a fait rire aux éclats, une fois, si elle est répétée après un certain intervalle, n'éveillera plus qu'une joie modérée et un sourire; si nous l'entendons encore, elle nous laissera indifférents, nos muscles ne remueront pas, et elle n'éveillera en nous, ni émotion, ni idée. J'ai pris tout à l'heure comme exemple, pour montrer le fait de l'arrêt, la première visite d'un timide à des gens qu'il ne connaît pas. J'aurais pu le prendre aussi pour montrer la multitude des images, des idées et des réflexions, des sentiments même qui s'éveillent dans l'esprit lorsque se produit un phénomène affectif. Supposons que l'habitude vienne et que le phénomène affectif disparaisse, tout le cortège qui l'accompagnait disparaît avec lui. Plus de préoccupations, plus de réflexions, de commentaires, conversations mentales préparatoires et ébauches subjectives de gestes et de saluts. Inversement, quand les phénomènes se multiplient, nous pouvons observer la naissance d'une émotion. C'est ce qui se produit, par exemple, quand nous réfléchissons à une chose, et que nous découvrons des rapports encore inaperçus entre cette chose et d'autres faits dont l'image ou l'idée apparaît tout à coup dans la conscience. Le processus qui avait débuté par être purement intellectuel donne naissance tout à coup à des phénomènes affectifs, et comme nous avions vu tout à l'heure le phénomène affectif faire

place au phénomène purement intellectuel et presque
automatique à mesure que le nombre des éléments
psychiques devenait moindre, nous voyons ici un phénomène purement intellectuel être remplacé par une
émotion, alors que le nombre des éléments psychiques
du phénomène devient plus considérable.

J'ai fait remarquer plus haut que le fait de l'arrêt
n'était pas particulier aux phénomènes de l'ordre affectif. En effet, une idée, une représentation, un phénomène simplement intellectuel est aussi le résultat de
l'arrêt d'une tendance ; de même la multiplicité des phénomènes n'est pas absolument propre à la production
des phénomènes affectifs. Il est facile de remarquer
qu'un phénomène intellectuel, une idée s'accompagne
aussi de la production d'un certain nombre de faits
associés ; l'attention même, quand elle se porte sur une
idée, s'accompagne d'une certaine excitation des centres
moteurs ; de plus, un fait intellectuel en suggère généralement plusieurs autres qui se rattachent à lui. Toutefois cet éveil d'une certaine quantité de phénomènes
ne se produit pas d'une manière identique dans l'émotion et dans l'idéation. Elle est plus systématisée dans
celle-là, plus vive et plus confuse dans celle-ci. Quand
nous pensons, les idées s'éveillent plus généralement en
vue d'une fin, si nous suivons un raisonnement, ou si
nous recherchons une cause, ou si, au contraire, nous
déduisons d'un événement toutes ses conséquences ; et
d'une manière générale, lorsque nous faisons fonctionner notre intelligence, notre raison, les phénomènes
sont, d'une manière évidente et que tout le monde a re-
marquée, bien mieux enchaînés, bien mieux coordonnés
que lorsqu'ils sont suscités par cet arrêt de tendances qui
produit une émotion. L'émotion, les sentiments, sont une
sorte de trouble de l'organisme, et si l'on admet avec
M. Maudsley qu'il en est de même en somme de tous les
phénomènes de conscience, ce qui me paraît au moins

très vraisemblable, il faut convenir que, pour les phénomènes de l'ordre intellectuel, le trouble est bien moins
prononcé que pour les phénomènes de l'ordre affectif.

Si nous nous plaçons au point de vue de la psychologie générale, et si l'on accepte la définition de la tendance que j'ai donnée au commencement de la première
partie de ce travail, tout fait psychique nous apparaît
comme une tendance, et tout fait conscient comme un
résultat de l'arrêt d'une tendance. En effet, nous voyons
que la conscience diminue alors que la tendance rencontre de moins en moins d'obstacles; les actes purement réflexes — les seuls à qui on donne généralement
ce nom — sont ceux qui s'accomplissent à la fois le plus
facilement, le plus vite, et avec le moins de conscience,
puisqu'ils paraissent bien être totalement inconscients.
Comme, d'un autre côté, le système nerveux de l'homme
peut être considéré comme un appareil destiné à recevoir des impressions diverses et à mettre par des réactions appropriées les diverses parties de l'organisme et
le milieu lui-même dans un état de systématisation
plus ou moins avancé, soit par la modification de
l'organisme, soit par la modification du milieu,
toute impression, toute excitation nerveuse, tout processus psychique peut et doit être considéré comme
une tendance à faire exécuter ou à préparer et à permettre des mouvements de nature diverse. Ce que l'on
sait sur les conditions physiologiques de la conscience :
l'afflux du sang, l'élévation de la température, la durée
du processus, l'usure de la substance nerveuse, autorise
à croire que le fait psychique se produit alors que, soit
que ces tendances n'aient pas été suffisamment satisfaites pour que la voie que doit parcourir l'excitation soit
suffisamment perméable, soit que d'autres conditions
quelconques, la complexité et le nombre des systèmes
d'éléments psychiques mis en jeu, l'intervention d'autres
tendances, et le conflit qui en résulte viennent lui faire

obstacle ; la tendance à l'acte ne peut facilement et immédiatement se traduire et se manifester par un phénomène réel. Des faits fréquents permettent de nous
rendre facilement compte du phénomène dont il s'agit
ici. Alors que nous accomplissons machinalement une
action quelconque, si quelque chose interrompt ce
mouvement presque automatique, nous prenons soudain
conscience de l'acte que nous exécutions sans nous en
apercevoir. Le fait pourtant ne se produit pas toujours,
mais, en examinant quelques cas, nous pourrons voir
les causes qui tantôt laissent subsister l'inconscience,
tantôt produisent un fait intellectuel, tantôt enfin déterminent l'apparition d'un phénomène de l'ordre affectif.
Nous aurons donc ainsi achevé la spécification de la
cause générale des phénomènes affectifs.

III

LA FORCE ET LA PERSISTANCE DE L'IMPULSION, L'APPARITION
BRUSQUE ET L'INCOORDINATION RELATIVE DES PHÉNOMÈNES.
LA TENDANCE A ENVAHIR LA CONSCIENCE ENTIÈRE.

Nous avons reconnu à la production des émotions
deux caractères principaux : l'arrêt des tendances et la
multiplicité des phénomènes, mais nous avons vu en
même temps que ces deux caractères ne suffisaient pas
pour expliquer complètement la naissance des phénomènes affectifs ; il s'agit donc de spécifier complètement les
conditions que doivent présenter ces phénomènes. Les
caractères particuliers que nous n'avons pas mis
suffisamment en lumière et sur lesquels il convient
d'insister ici, mais que nous avons déjà pour le moins

entrevus, nous les trouverons dans la force et la persistance de l'impulsion arrêtée, l'apparition relativement brusque, et l'incoordination relative des phénomènes, la tendance à envahir la conscience entière. Ces caractères sont secondaires, en ce sens qu'ils ne seront pas toujours présents à la fois dans la production des émotions ; ils sont essentiels, en ce que, si tous viennent à manquer à la fois, il n'y a pas de phénomène affectif, et il ne reste qu'un phénomène intellectuel. Au contraire, les deux premiers caractères que nous avons étudiés sont nécessaires et ne manquent jamais, mais ils ne peuvent suffire.

1° *La force et la persistance de l'impulsion arrêtée.* Quand une tendance arrêtée a peu de force, il est rare que son arrêt donne lieu à des phénomènes affectifs. Il est facile en général de renoncer à une habitude prise de la veille, parce que, en n'exécutant pas l'acte que cette habitude tend à suggérer, non seulement on arrête l'impulsion, mais encore on la fait disparaître. C'est ainsi que les moyens indirects sont utiles parfois pour empêcher un enfant ou une grande personne de faire ce qui ne doit pas être fait. On réussit mieux bien souvent en appelant l'attention du sujet sur un autre point, en écartant sa pensée de l'acte qu'on ne veut pas qu'il commette, qu'en heurtant de front sa fantaisie et son désir ; et dans le premier cas, l'arrêt de la tendance ne donne pas lieu comme dans le second à des phénomènes de l'ordre affectif, parce que la tendance n'est pas arrêtée, elle est supprimée ; aussi ne voit-on pas apparaître, comme dans le cas de l'arrêt brusque d'une impulsion persistante, toute la série des phénomènes secondaires et des réflexes psychiques. Si l'on construit un mur dans le lit d'une rivière et si l'eau continue à arriver en abondance, elle se répandra dans les champs qui sont sur ses rives ; si l'on dérive les eaux par un canal, il n'y aura ni arrêt brusque, ni inondation: le phénomène psychique est à peu près analogue à ce qui se passerait dans ce cas.

Cependant, la persistance d'une impulsion arrêtée ne suffit pas à elle seule pour produire une émotion, il faut encore que cette impulsion ait une certaine force. Nous voyons en ce cas le phénomène affectif naître et se marquer de plus en plus à mesure que l'impulsion persistante et arrêtée devient plus forte. Nous pouvons très bien, par exemple, ne pas céder, sans qu'aucune émotion se produise, à l'idée faible d'un acte qui se présente à nous et qui persiste quelque temps; mais si l'idée devient de plus en plus vive, ce qui arrive par exemple quand c'est l'idée d'un acte répondant à un besoin de l'organisme, il viendra un moment où l'arrêt et la persistance de l'impression détermineront une émotion ou un sentiment. La faim à peine sensible d'abord, et qui paraît être d'abord une tendance très peu consciente, et ensuite une simple idée, devient peu à peu un phénomène affectif très violent. Voici un fait emprunté à Maudsley, qui montre bien comment la persistance de la tendance et son arrêt ne suffisent pas toujours, mais comment l'accroissement de la force de l'impulsion amène facilement le phénomène affectif, et aussi comment un phénomène affectif, avec les phénomènes physiques et psychiques qui ne s'en séparent pas, peut, dans les conditions que j'indique, prendre la place d'un phénomène à peu près purement intellectuel:

« Il n'y a pas bien longtemps, je fus consulté par un homme de cinquante ans, aux muscles énormes, et d'une grande vigueur physique, ayant mené une vie énergique, visité dans le cours de sa carrière presque toutes les parties du monde, mais éloigné depuis plusieurs années de toute occupation active. Il était possédé d'une impulsion au meurtre, et vivait dans une angoisse de tous les instants. L'obsession était continuelle, et parfois si forte qu'il s'était vu obligé de se séparer des siens de peur d'en devenir le meurtrier ; il errait d'hôtel en hôtel. Cette impulsion variait considérablement d'intensité, mais elle ne disparaissait jamais entièrement. Quand elle était la moins forte, ce n'était qu'une *idée* occupant constamment sa pensée, mais sans inclination positive à la mettre en exécution, une idée homicide plutôt qu'une impulsion homicide. De temps en temps elle acquérait une énergie plus grande et atteignait un paroxysme. Cela durait peu, mais alors le sang lui montait à la tête, et il éprouvait une sensation de plénitude et de trouble dans cette partie, ainsi qu'un affreux sentiment de désespoir, et un tremblement violent de tout le corps, qui se couvrait d'une abondante sueur. La crise se terminait par un déluge de larmes suivi d'un épuisement profond. Ces accès survenaient souvent durant la nuit, et alors cet homme sautait hors de son lit, dans un état de frayeur mortelle, frissonnant avec tant de violence que la chambre en tremblait ; en même temps la sueur ruisselait sur son corps. »

2° *L'apparition brusque et l'incoordination relative des phénomènes.* Nous avons des raisons générales de croire que le phénomène affectif est dû à un fonctionnement imparfait de l'esprit. L'arrêt des tendances et la multiplicité des phénomènes sont des signes d'un manque de coordination et de systématisation des phénomènes. L'expérience nous a également montré le caractère particulier d'incoordination relative des phénomènes secondaires, produits au moyen d'une sorte de mécanisme réflexe par l'arrêt d'une tendance. Cependant ce phénomène d'incoordination n'est pas toujours très marqué, et il se produit souvent une émotion alors qu'une coordination s'établit dans l'esprit entre différents phénomènes. C'est le cas, par exemple, des émotions intellectuelles. Le défaut de systématisation ne se manifeste en ce cas que par la difficulté légère avec laquelle s'imposent les nouvelles idées, et par la résis-

tance souvent presque imperceptible des anciennes
habitudes de l'esprit. Mais alors, il se produit souvent
un autre fait qui compense le premier et rend possible
l'apparition du phénomène affectif, c'est la brusque apparition des phénomènes. Si nos idées changent peu à
peu, nous n'en sommes guère affectés. Si, au contraire,
nous passons brusquement d'une croyance à une autre,
le moment du changement est marqué par la production
bien nette de sentiments et d'émotions. La faiblesse de
la résistance opposée par les anciennes habitudes de
l'esprit est compensée par la rapidité avec laquelle elles
doivent disparaître, et le phénomène de l'arrêt peut se
marquer suffisamment avec toutes ses conséquences
pour qu'une émotion se fasse sentir.

D'autres fois, l'émotion est produite par ce fait que,
si de nouvelles combinaisons s'établissent dans l'esprit,
d'anciennes combinaisons encore fortement associées
avec un grand nombre de tendances et d'habitudes sont
obligées de leur céder la place, il en résulte que la
désorganisation de l'esprit est assez forte. Cet état de
dissolution relative, quand elle n'est pas extrêmement
lente, s'accompagne toujours d'émotions plus ou moins
vives. Nous avons un exemple célèbre de cet état particulier dans la narration que fit Jouffroy de la nuit où il
avait décidément rompu avec le catholicisme : « En vain
je m'attachais à ces croyances dernières comme un
naufragé aux débris de son navire ; en vain, épouvanté
du vide inconnu dans lequel j'allais flotter, je me rejetais
pour la dernière fois avec elles vers mon enfance, ma
famille, mon pays, tout ce qui m'était cher et sacré :
l'inflexible courant de ma pensée était plus fort ; parents,
famille, souvenirs, croyances, il m'obligeait à tout laisser ;
l'examen se poursuivait, plus obstiné et plus sévère à
mesure qu'il approchait du terme, et il ne s'arrêta que
quand il l'eut atteint. Je sus alors qu'au fond de moi-
même il n'y avait plus rien qui fût debout.

« Ce moment fut affreux ; et quand vers le matin je
me jetai épuisé sur mon lit, il me sembla sentir ma
première vie, si riante et si pleine, s'éteindre, et derrière
moi s'en ouvrir une autre sombre et dépeuplée, où
désormais j'allais vivre seul, seul avec ma fatale pensée
qui venait de m'y exiler et que j'étais tenté de maudire.
Les jours qui suivirent cette découverte furent les plus
tristes de ma vie (1). »

Ainsi, nous voyons encore ces deux caractères,
l'incoordination relative et l'apparition brusque des
phénomènes, se suppléer jusqu'à un certain point, l'un
l'autre, comme faisaient tout à l'heure la persistance et
la vivacité de la tendance. Et d'ailleurs, ces différents
caractères ne sont pas toujours séparés, ils peuvent se
combiner entre eux, et l'on voit, par exemple, des tendances très fortes persister pendant très longtemps et
apparaître parfois d'une manière brusque. De même,
l'incoordination des phénomènes peut se prolonger
longtemps. Les caractères que nous étudions en ce
moment peuvent se suppléer et se remplacer, mais ils
peuvent aussi se présenter ensemble et concourir au
même effet.

3° *La tendance à envahir tout le champ de la conscience.* Voici encore un caractère qui n'est pas absolument propre aux phénomènes affectifs, cependant il me
paraît être souvent et intimement lié à eux. Remarquons
qu'il n'est pas une condition nécessaire d'une émotion
ou d'un sentiment. En effet, on peut très bien être
sous l'impression d'une émotion ou d'un sentiment
quelconque, et cependant s'occuper d'autre chose que
de l'objet de ce sentiment ou de cette émotion. Réciproquement, une idée, un phénomène purement intellectuel peut absorber entièrement l'attention. Cependant
ce cas peut être considéré comme douteux ; en effet,

(1) Jouffroy. *Nouveaux mélanges philosophiques*, p. 84.

l'attention extrême s'accompagne généralement, autant que j'en puis juger, d'une sorte d'émotion, elle peut être considérée comme un phénomène de l'ordre affectif. Lorsque nous sommes absorbés par une recherche quelconque, par un travail de l'ordre intellectuel, il est bien rare, à mon avis, si même le cas se présente, que nous n'éprouvions pas quelque sentiment de plaisir, un peu plus tard, de fatigue, d'impatience ou de contentement. Quoi qu'il en soit, d'une manière générale, une émotion un peu vive tend d'ordinaire à nous absorber tout entiers et à occuper tout notre esprit. Je n'ai pas besoin d'insister sur ce phénomène très fréquent, qui s'explique sans doute par les lois de l'association et de la sélection.

Les divers caractères que nous venons de voir isolément, nous pouvons les retrouver et les voir agir ensemble et produire, selon qu'ils viennent ou non se joindre à l'arrêt des tendances et à la multiplicité des phénomènes, des processus inconscients, ou bien des phénomènes d'ordre intellectuel, ou enfin des émotions ou des sentiments.

Il arrive par exemple que si l'on cause en marchant, et si la conversation devient plus intéressante ou plus animée, on s'arrête, la marche s'interrompt. Nous avons ici un arrêt de tendance au mouvement qui ne s'accompagne ni de sentiment, ni même de conscience nette. Comment les faits se sont-ils passés ? La marche est un acte réflexe dont le point de départ se trouve principalement dans l'impression que produit le sol sur la plante des pieds, ainsi que l'a prouvé l'observation de certaines maladies. Or, tant qu'on marche, cette excitation persiste, et, avec elle, la tendance au mouvement; il y a donc bien, quand la marche s'interrompt, un arrêt de tendance. Les conditions dans lesquelles se produit cet arrêt sont les suivantes : 1° l'impulsion à la marche est très faible, et n'aboutit quelque temps que parce qu'elle ne rencontre aucun obstacle ; 2° elle n'est pas arrêtée par un obstacle direct, mais un autre processus psycho-physiologique qui est resté indépendant d'elle pendant quelque temps absorbe à son profit toutes les forces psychiques, et en particulier celles qui étaient nécessaires pour que la tendance à la marche pût s'achever par un acte ; 3° la tendance à la marche n'est pas seulement entravée, elle est momentanément à peu près anéantie pendant l'arrêt ; tout au moins il ne se produit aucun fait de conscience qui ait rapport à elle.

Examinons maintenant un cas où l'arrêt de la tendance donne naissance à des faits de conscience :

Il arrive que lorsqu'on est fortement absorbé par une occupation quelconque, on finit par perdre complètement la conscience nette de ce que l'on fait; dans ce cas, une interruption, en vous arrachant à la distraction, vous donne ou vous rend la conscience de ce que vous faisiez. Ainsi, si j'écris étant absorbé par mon travail, je prendrai de temps en temps de l'encre dans mon encrier, en n'ayant de cet acte qu'une conscience très vague, si même j'en ai conscience ; mais si, par exemple, mon encre est épuisée, ou si un incident de ce genre arrête l'impulsion presque inconsciente à envoyer ma main dans la direction de l'encrier quand ma plume commence à mal tracer les lettres, je reprends une conscience nette de cette impulsion, du besoin que j'ai, et des circonstances parmi lesquelles l'impulsion et le besoin se manifestent. Il se produit alors des représentations et des idées, des phénomènes intellectuels. Si nous analysons les circonstances de l'arrêt en ce cas, nous trouvons qu'elles sont les suivantes : 1° l'impulsion à écrire et à faire tous les mouvements qui se rapportent à cet acte rencontre un obstacle direct, elle ne s'arrête pas parce que la force psychique est appelée ailleurs, comme cela arriverait, comme cela arrive quand une méditation plus active sur le sujet de mes réflexions

4

arrête ma plume ; ici, l'impulsion persiste, et n'attend
pour se traduire de nouveau par des actes que la
disparition des obstacles qui l'ont arrêtée ; 2° les nouveaux phénomènes psychiques qui se produisent à la suite
de l'impulsion se rapportent à cette même impulsion.
Ce sont, dans l'espèce, des images d'encre, de plume, de
papier, etc., des idées sur les rapports de ces différents
objets entre eux, des représentations des gestes nécessaires pour me procurer de l'encre, et des tendances
vers les mouvements appropriés. Ces faits ne sont ni
très nombreux, ni très complexes, ils sont assez bien
systématisés ; 3° les états psychiques concomitants,
réflexions sur le sujet qui me fait écrire, recherches
d'idées, etc., ne sont pas tout à fait interrompus et ne
sortent pas complètement du champ de la conscience.

Voyons enfin le cas où, au lieu d'un processus inconscient, ou d'un phénomène intellectuel, c'est un phénomène affectif qui se produit, et notons les particularités
qui se produisent en même temps. Si, par exemple,
croyant aborder un ami intime qu'il n'a pas vu depuis
longtemps, un homme expansif se précipite les bras
ouverts sur un inconnu, l'arrêt des tendances diverses
qui naissent en ce moment (gestes, paroles, etc.) se
traduit dans ce cas par un sentiment de confusion et de
regret ; en même temps, l'imagination se met en branle
et se représente vivement, soit le ridicule de l'événement, soit le plaisir, et pour peu que la personne à qui
la mésaventure arrive soit impressionnable, c'est-à-dire
si elle est apte à éprouver facilement des phénomènes
affectifs d'une grande intensité, pendant un moment,
elle oubliera à peu près tout ce qui ne se rapporte pas
plus ou moins directement à ce qui lui arrive, la conscience ne sera plus occupée que par les pensées, les
images, les états affectifs qui résulteront de l'arrêt des
tendances. Nous remarquons alors les circonstances
suivantes : 1° les tendances sont directement arrêtées,

la force psychique n'est pas appelée indirectement par un autre système d'idées ou de représentations ; 2º il se produit un assez grand nombre ou un très grand nombre, selon les cas, de phénomènes accessoires physiques ou psychiques, ayant tous un rapport étroit avec l'arrêt des tendances, mais assez mal coordonnés entre eux, et quelquefois incohérents ; 3º les forces psychiques de l'homme sont entièrement absorbées par les nouveaux états de conscience, et ceci apparaîtrait plus clairement encore si nous examinions des émotions plus fortes que celles que j'ai prises pour exemple.

Enfin, on pourrait citer un quatrième cas, celui où l'émotion produite serait extrêmement forte. Si, par exemple, nous perdons subitement une personne qui nous est chère, ou si nous recevons une blessure très douloureuse, une foule de tendances, d'habitudes, de systèmes psychiques sont subitement et fortement arrêtés en nous. Le nouveau phénomène qui naît dans ces condititiors extrêmes présente de nouveaux caractères : 1º il absorbe toutes les forces psychiques ; 2º il finit lui-même par aboutir à une sorte d'inconscience. Il est probable que le premier de ces caractères est la condition déterminante de l'autre, car la conscience ne peut guère se produire quand les forces psychiques ne sont pas partagées à quelque degré.

Ainsi, nous retrouvons l'inconscience aux deux bouts de la série, quand le phénomène que nous étudions offre des caractères absolument opposés. En restant dans les limites entre lesquelles la conscience et l'activité psychique sont possibles, nous voyons que nous retrouvons toujours les mêmes caractères que nous avons étudiés un à un, et dont les uns ne manquent jamais, tandis que les autres peuvent être, chacun séparément, absents des conditions d'un phénomène de l'ordre affectif : ces caractères sont l'arrêt des tendances, la multiplicité des phénomènes, la force et la persistance de la tendance, l'incoordination relative et l'apparition brusque des phénomènes, enfin la tendance à envahir le champ presque entier de la conscience.

Nous pourrions maintenant, autant pour vérifier cette loi que pour expliquer certains phénomènes, tâcher de l'appliquer à certains groupes de faits bien connus, et montrer comment elle peut en rendre compte. Je serai bref là-dessus, ayant déjà donné un nombre d'exemples assez considérable. La diminution et la cessation du sentiment, par exemple, à mesure que l'impulsion diminue ou cesse, ou bien à mesure que les obstacles disparaissent, s'expliquent facilement. Un passage du roman du comte Tolstoï, *la Guerre et la Paix*, montre très bien le résultat de cette dernière évolution, qui n'est peut-être pas toujours bien nettement perçue : « Il me semble que tu ne peux m'aimer, dit Marie à Nicolas Rostow, son mari, tant je suis laide en ce moment. » « Tais-toi, tu ne sais ce que tu dis : il n'y a point de laides amours : c'est Malvina et compagnie qu'on peut aimer parce qu'elles sont jolies..... Est-ce qu'on aime sa femme ? Je ne t'aime pas..... Et cependant comment te dire ? Qu'un chat noir passe entre nous ou que je me trouve seul sans toi ; je me sens perdu, je ne suis plus bon à rien..... Est-ce que j'aime mon doigt ?.... Allons donc, je ne l'aime pas, mais qu'on essaye de me le couper. » En général on ne dirait pas que l'on n'aime plus alors qu'on est arrivé à ce point. Cependant, il est sûr que l'amour, s'il existe encore, est bien différent de ce qu'il était à son origine, et que l'organisation plus grande des tendances, et la diminution des arrêts se manifeste par son affaiblissement et une diminution des phénomènes affectifs. De même, nous voyons que quand la cause extérieure, organique ou cérébrale, d'une impulsion manque, le sentiment ne se produit pas. Les eunuques n'ont pas les mêmes passions que les hommes — un homme qui reste enfermé, ne bouge pas, et ne fait aucun travail ressentira moins l'impression de la faim et de la soif, toutes choses égales d'ailleurs, que celui qui lit, travaille ou se livre à un exercice physique ne la ressentira au moment où la cessation des autres préoccupations lui permettra de se produire. Nous nous expliquerons de même facilement que les projets que l'on forme s'accompagnent généralement d'émotions très perceptibles, et quelquefois d'émotions plus vives que celles que cause leur réalisation. C'est que, dans le projet, l'impulsion est tout à fait arrêtée sans être anéantie, et que nous retrouvons de plus toutes les circonstances de la production de l'émotion. Remarquons encore que le moment où l'émotion est la plus forte est généralement celui où le projet va être réalisé, parce qu'alors l'impulsion acquiert un maximum de force, tandis que les obstacles ont encore pour un certain temps la même efficacité.

Nous comprenons aussi facilement le fait de la production d'un sentiment par le fait de faire un mouvement associé à ce sentiment. On raconte que Campanella pouvait connaître ce qui se passait dans l'esprit d'une personne en imitant son attitude et sa physionomie. Dans l'hypnotisme, dans le sommeil artificiel, on observe des faits de ce genre, mais plus accusés. « Une personne à laquelle on avait élevé les bras, en lui disant qu'on lui faisait supporter un fardeau, se persuada qu'elle avait les bras réellement chargés d'un poids fort lourd, et éprouva de la fatigue. » « M. Burke assure avoir souvent éprouvé que la passion de la colère s'allumait en lui à mesure qu'il contrefaisait les signes extérieurs de cette passion, et je ne doute pas que, chez la plupart des individus, la même expérience ne donne le même résultat (1). » Le plissement de la peau à la région

____

(1) Maury. *Le Sommeil et les Rêves*, p. 265. Le premier exemple a été emprunté à Azam et Carpenter, le second à Dugald-Stewart.

moyenne du front, dit Braid, évoque des images tristes quelle que soit l'impression maitresse du mouvement, quel que soit l'organe en jeu..... la position du corps influe notablement sur les émotions et les sensations pendant la période voulue de l'hypnotisme ; aussi quelle que soit la passion que l'on veut exprimer par l'attitude du patient, quand les muscles nécessaires à cette passion sont mis en jeu, la passion elle-même éclate tout d'un coup, et l'organisation tout entière y répond (1). ◀ Il faut voir dans ce fait, en même temps qu'un bon argument pour la priorité de la tendance au moment par rapport à la production du phénomène affectif, un exemple irrécusable du fait, un résultat de l'association des mouvements : une position expressive suggère une tendance à un système particulier de mouvements, le système de mouvements produit le sentiment éveillé par association par un autre mouvement, de la même manière et pour les mêmes raisons qu'il le produit quand il est mis en activité par une autre cause quelconque.

IV

RÉDUCTION DES DIVERSES CAUSES A UNE CAUSE GÉNÉRALE. — FORMULE DE LA LOI GÉNÉRALE DE PRODUCTION DES PHÉNOMÈNES AFFECTIFS.

En comparant et en examinant tous les caractères que nous avons reconnus à la condition constante des

(1) Braid. *Neurypnologie*, trad. de M. G. Simon. Consulter aussi les *Études cliniques sur la grande Hystérie* de M. P. Richer.

phénomènes affectifs, nous pouvons, il me semble, ramener à un fait unique, dont les conséquences sont nombreuses, la cause des phénomènes affectifs. L'arrêt des tendances, la multiplicité des phénomènes, la persistance et la force des tendances, l'incoordination relative et l'apparition brusque des phénomènes, la tendance à envahir tout le champ de la conscience ne sont que des effets d'un fait unique ou que ce fait lui-même; le dégagement d'une quantité considérable de force psychique qui ne peut se dépenser d'une manière systématique. La force psychique est dégagée dans les centres nerveux le plus souvent sous l'influence d'une excitation venue du dehors, l'arrêt de la tendance est un signe que cette force ne peut se dépenser d'une manière harmonique ; il y a un manque de systématisation entre l'excitation, la naissance de la tendance et l'état actuel des centres nerveux et de l'esprit, puisque la tendance est plus ou moins enrayée et empêchée d'aboutir à sa fin; la multiplicité des phénomènes, leur incoordination et tous les autres caractères se laissent évidemment dériver de cette cause première, et les phénomènes affectifs en général, émotions, passions, sentiments, etc., nous apparaissent par conséquent comme l'effet d'un trouble de l'organisme, d'un état d'incoordination des phénomènes et des tendances physico-psychiques, et si nous comparons le phénomène affectif au phénomène intellectuel au point de vue des conditions particulières qui donnent naissance à l'un et à l'autre, nous voyons que la différence entre l'un et l'autre tient à ce que la quantité de force psychique mise en activité est moindre dans le cas de la production d'un phénomène intellectuel et que la systématisation est plus grande. En somme, l'automatisme complet paraissant l'état parfait, idéal, de l'organisme, le phénomène intellectuel est l'indice d'un trouble léger et d'un défaut de systématisation relativement peu considérable, tandis que le phénomène affectif est l'expression d'un trouble plus profond et d'un défaut plus considérable de systématisation et d'harmonie.

Je formulerai ainsi la loi de production des phénomènes affectifs :

Le phénomène affectif est l'expression d'un trouble plus ou moins profond de l'organisme, dû à ce qu'une quantité relativement considérable de force nerveuse est mise en activité sans pouvoir être employée d'une manière systématique. Il se produit alors un arrêt des tendances mises en jeu, et une quantité plus ou moins considérable de phénomènes physiques ou psychiques variés; en même temps se présentent toujours, soit les phénomènes suivants, soit simplement un ou plusieurs d'entre eux : persistance des tendances, incoordination relative et apparition brusque des phénomènes suscités, tendance de l'impulsion éveillée à envahir presque entièrement le champ de la conscience.

CHAPITRE II

Les conditions de production des différentes classes de phénomènes affectifs.

I

PREMIÈRE CLASSE. — PASSIONS, SENTIMENTS, IMPULSIONS AFFECTIVES ET SIGNES AFFECTIFS

Si nous examinons au moyen du sens intime les données de l'expérience, nous trouvons avec un peu d'habitude bien des éléments dans notre vie mentale. Les uns se laissent percevoir facilement, ils sont nets, forts, précis; telles sont, par exemple, nos perceptions dans la classe des faits intellectuels, nos passions, dans la classe des faits affectifs. D'autres sont plus ternes, plus difficilement observables pour des esprits qui ne sont point exercés, on les a appelés des états faibles de la conscience; telles sont, par exemple, les images que nous nous faisons des objets qui ne sont pas sous nos yeux, et les émotions faibles que nous faisons renaître en nous par le souvenir.

Enfin, nous trouvons d'autres états plus vagues encore, sur lesquels la réflexion s'arrête d'ordinaire très peu, excepté chez les personnes que leur nature propre et le genre de leurs occupations portent tout particulièrement vers l'observation intérieure. Il est difficile même de leur donner un nom précis, car ils sont peu connus et ne sont point classés ; mais nous pouvons citer comme exemple cette impression particulière que nous ressentons alors que, vivement préoccupés d'un sujet, nous nous livrons pourtant à une occupation qui n'a aucun rapport avec lui, et qui absorbe presque complètement notre attention. Nous ne pensons plus précisément à l'objet de nos préoccupations; nous ne nous les représentons pas d'une manière nette, et cependant nous ne sommes pas dans l'état d'esprit où nous nous trouverions si cette préoccupation n'existait pas. L'objet de cette préoccupation, absent de la conscience, y est représenté par une impression particulière sur laquelle nous ne nous méprenons pas, et qui persiste souvent très longtemps et d'une manière très appréciable quoique peu nette pour l'intelligence. Nous pouvons aussi ranger dans cette classe de phénomènes quelques-uns de ceux que M. Spencer a appelés des rapports entre les états de conscience (1). Nous devons examiner ici quelles sont les conditions particulières qui donnent naissance aux différents groupes principaux de phénomènes affectifs, mais il convient sans doute de commencer par la partie descriptive du sujet et de passer en revue ces différents groupes de phénomènes dont nous recherchons les conditions, en insistant principalement sur les moins connus. Je ne veux d'ailleurs ici, ni faire surtout une étude descriptive, ni faire une classification systématique des sentiments et des passions.

Il semble peut-être au premier abord que nous pourrions obtenir cette distribution en groupes des phénomènes affectifs en la rattachant à une classification analogue des phénomènes intellectuels, et séparer les phénomènes affectifs en plusieurs classes qui seraient chacune associée à une classe correspondante des faits de l'intelligence. Mais on n'obtiendrait ainsi qu'un ré-

(1) Voir Herbert Spencer, *Principes de psychologie*, I, p. 165, trad. Ribot et Espinas, 1875, F. Alcan.

sultat partiellement juste et très incomplet. Il est vrai que les émotions qui accompagnent, par exemple, ces représentations faibles qui constituent le souvenir d'une personne dont l'image peut nous faire éprouver de l'émotion, sont en général moins vives que les émotions qui accompagnent les représentations fortes qui constituent la perception de cette même personne. Cependant cela n'est pas toujours exact ; il est des cas où le souvenir, comme l'imagination, grâce à des circonstances particulières dont nous avons déjà vu un exemple, à la disposition d'esprit dans laquelle nous nous trouvons, et qui ne laisse apparaître que certains côtés de la réalité, produit une impression affective plus forte que la présence réelle. D'un autre côté, dans bien des cas, nous pouvons remarquer que si des phénomènes affectifs forts accompagnent souvent des phénomènes intellectuels faibles, des émotions faibles ou nulles accompagnent aussi fréquemment des phénomènes intellectuels très vifs. Peut-être même, dans quelques cas, l'émotion se produit-elle sans un accompagnement quelconque de phénomènes intellectuels. Nous sommes donc réduits à opérer une classification générale des phénomènes affectifs, par la seule considération de la nature de ces phénomènes, et des conditions qui déterminent leur apparition. On pourrait sans doute faire une classification analogue des phénomènes intellectuels, mais les deux séries n'en resteraient pas moins distinctes et séparées.

Les différentes classes générales des phénomènes affectifs que je propose de reconnaître sont : 1° les *passions*, les *sentiments*, les *impulsions affectives* et les *signes affectifs* ; 2° les *sensations affectives* ; 3° les *émotions*.

Le premier groupe a pour caractères principaux d'être produit par des tendances qui se distinguent à quelque degré au moins par leur persistance et leur organisation. Je n'ai pas besoin sans doute de décrire longuement les

sentiments et les passions, tout le monde comprendra
suffisamment quels sont les phénomènes que je désigne
par ces mots auxquels je donne, à très peu de chose
près du moins, leur sens ordinaire. Restent donc les
tendances affectives et les signes affectifs, à propos
desquels il me paraît nécessaire d'entrer dans quelques
développements. Nous expliquerons peut-être plus
clairement la nature de ces classes de faits en nous
reportant aux opérations de l'intelligence. Nous savons que les phénomènes intellectuels sont souvent
substituts les uns des autres. Ainsi l'image remplace
la sensation, l'idée ou le mot peuvent remplacer
l'image, l'idée du mot peut remplacer le mot, etc. ; la
substitution va bien plus loin qu'on n'est généralement
porté à le reconnaître, et les derniers substituts, les
plus abstraits, les plus affaiblis, n'ont été encore étudiés
que rarement par les psychologues. J'ai essayé ailleurs
d'indiquer le rôle des images abstraites, sans couleur,
sans timbre, sans sonorité, sans qualité motrice, dans
le phénomène du langage, et de préciser jusqu'à un
certain point la nature de ces images (1). Ces représentations sont de purs abstraits produits peut-être par
l'excitation partielle très faible et systématisée d'un
grand nombre de tendances. Nous trouvons dans le
domaine de l'affectivité des faits de substitution analogues à ceux que l'on a reconnus dans le fonctionnement
de l'intelligence. La passion, le sentiment sont remplacés
souvent par d'autres états de conscience de nature
affective qui se substituent à eux et remplissent leur
rôle. De même que, quand une image a été employée
souvent et rapprochée d'images analogues, elle disparaît de la conscience pour être remplacée par le mot,
ce qui témoigne en général d'un accroissement de

(1) Voir mon article : *Le Langage intérieur et la pensée*, III, dans
la *Revue Philosophique* de janvier 1886.

systématisation et d'une facilité plus grande dans le fonctionnement intellectuel et moteur ; de même la passion et le sentiment peuvent être remplacés, quand ils disparaissent momentanément, pour une cause ou pour une autre, par un substitut particulier qui est une impulsion affective, quand ce substitut a pour effet de déterminer directement un acte s'il ne rencontre pas d'obstacles suffisants pour l'en empêcher, et un signe affectif s'il n'aboutit que très indirectement à un acte, et s'il doit entrer seulement comme élément dans la formation d'autres états de conscience plus complexes. Par exemple, il est naturel, dans l'état de santé, d'avoir faim aux heures habituelles du repas, quand on se dispose à manger ; mais si l'on est vivement préoccupé, la faim disparaît, elle n'est pas reconnue comme faim par la conscience, en tant que faim proprement dite, et si l'on désigne par ce mot le phénomène comme il se présente quand les conditions de son apparition sont les plus favorables, la faim n'existe plus ; on mange cependant, et autant que l'on aurait fait dans d'autres conditions (en admettant que la préoccupation ne soit pas trop vive) et la faim est remplacée en ce cas par un état de conscience, plus ou moins vague, moins défini, moins perceptible, moins fort, qui remplit le même rôle qu'elle. C'est une impulsion affective. Il en est de même pour bien des actes qui ont été accomplis d'abord ou qui peuvent l'être quelquefois encore sous l'influence d'une impulsion qui s'accompagne de sentiments assez vifs. Par l'effet de l'habitude ou de circonstances particulières, ils sont accomplis sans être précédés ou accompagnés de ce sentiment, et ce dernier phénomène est remplacé alors soit par une tendance inconsciente, soit par ce phénomène affectif assez vague que j'appelle une impulsion affective. Quand nous demandons à une personne des nouvelles de sa santé, cette demande peut être accompagnée de phénomènes affectifs très variés. Si

c'est d'un ami qu'il s'agit, et si nous avons des raisons
d'être inquiets sur son compte, la demande s'accompa-
gnera d'un phénomène affectif assez vif. S'il s'agit d'un
indifférent dans des circonstances ordinaires, l'acte sera
presque automatique. Enfin s'il s'agit d'un ami qui nous
paraisse bien portant et robuste, nous ne serons pas très
affectés, et nous ne serons pas non plus complètement
indifférents. Il se produit un phénomène qui n'est pas
un sentiment bien défini, — ce n'est ni de l'inquiétude,
ni de la compassion, ni à proprement parler un sentiment
tendre, — mais qui cependant peut remplacer l'un de
ces sentiments et déterminer les mêmes paroles et les
mêmes actes. C'est encore une impulsion affective.

Le signe affectif est de nature analogue, j'ai déjà
indiqué un des cas où il se produit. Si nous avons
ressenti une impression très forte et qui persiste, nous
pouvons nous distraire partiellement, mais nous sentons
toujours en nous, non pas l'impression première, mais
un élément qui le remplace momentanément et qui donne
à l'état de conscience un ton particulier ; on se sent
tout autre qu'on ne l'est en général sans qu'on ait bien
présente à l'esprit la cause de ce changement et sans
qu'on éprouve un sentiment déterminé, sans que le
phénomène affectif ait une force même moyenne. Cependant ce serait une erreur de croire que les phénomènes
de la classe des substituts doivent toujours être très
faibles ; de même que certaines idées sont plus fortes au
point de vue de la conscience et sont plus fortes aussi,
par rapport à la détermination des actes, que certaines
images, de même aussi certains signes affectifs sont
plus forts que certains sentiments.

Nous trouvons encore de bons exemples de signes
affectifs dans les phénomènes vagues qui s'éveillent
parfois à l'occasion d'images abstraites ou très faibles.
Enfin un signe mental qu'il faut aussi ranger dans cette
classe, c'est la mauvaise disposition que nous laisse

envers un individu une impression pénible éprouvée autrefois et peut-être oubliée depuis, et le malaise vague que nous éprouvons en sa présence. Dans ce dernier cas, le signe subsiste, mais il n'est plus compris, sa signification est perdue pour nous.

Nous avons déjà vu que la condition générale des phénomènes du groupe que nous étudions en ce moment était qu'ils sont dus à l'arrêt de tendances relativement persistantes ; ajoutons que ces tendances intéressent à un degré assez considérable la vie psychique, la vie intérieure de l'individu, et ses relations avec le monde extérieur, et qu'elles intéressent directement ces dernières. Il est facile de s'en rendre compte. La constatation des circonstances particulières qui accompagnent la production de chaque classe des phénomènes du premier groupe nous permettra, tout en rattachant ces phénomènes à la loi générale de production des phénomènes affectifs, de mieux comprendre leurs relations mutuelles ; sur lesquelles nous aurons ensuite à revenir.

Les passions sont la plus haute manifestation de l'affectivité ; j'entends par là, pour éviter que mes métaphores ne soient prises au pied de la lettre, que ce sont les phénomènes affectifs dans lesquels on remarque que ce qui fait le propre du phénomène affectif en général a plus de force que dans les autres phénomènes de la même classe. Ce sont, en d'autres termes, ceux qui diffèrent le plus des phénomènes qui ne sont pas des phénomènes affectifs. Nous devons donc retrouver à un haut degré dans les passions violentes tous les caractères que nous avons passés successivement en revue dans les parties précédentes de ce travail. En effet, les passions sont le signe d'un désordre extrême dans les rapports mutuels des différents systèmes qui composent l'organisme, et de l'organisme lui-même avec le milieu. Nous voyons qu'elles s'accompagnent à un très haut degré de tous les phénomènes que nous avons vus déterminer la production d'un phénomène affectif. L'arrêt des tendances est complet dans la passion exaltée ; en même temps, leur persistance et leur intensité sont remarquables. Je ne crois pas avoir besoin d'insister sur l'ensemble des phénomènes qui se manifestent dans l'apparition d'une passion ; ils sont très faciles à analyser et à ramener aux lois générales que nous avons indiquées plus haut. La passion n'est d'ailleurs en général que le dernier terme de l'évolution d'un sentiment, et elle remplace le sentiment quand, pour une raison ou pour une autre, la force psychique mise en activité et non employée d'une manière systématique vient à augmenter. Cela se produit, par exemple, quand l'arrêt des tendances devient plus complet, par exemple quand l'amour s'exaspère par l'éloignement. D'autres fois, quand, l'arrêt restant le même, de nouvelles tendances viennent s'ajouter aux premières tendances éveillées et agissent dans le même sens, le retentissement du trouble psychique sur les organes et sur les autres phénomènes de l'esprit augmente et devient quelquefois permanent ; un des caractères les plus marqués est l'envahissement de la conscience entière par le phénomène affectif, et l'emploi de presque toutes les forces psychiques disponibles au service de la passion. Les terminaisons extrêmes de la passion, la folie et la mort, montrent bien la violence particulière du phénomène affectif dans ses manifestations les plus marquées (1). Voici un exemple que j'emprunte au volume de M. Letourneau sur la *Physiologie des passions* et qui montre bien quelques-unes des conditions de cet état mental, entre autres la tendance à envahir la conscience entière, la force et la persistance de l'impression, le désordre et l'incoordination des phénomènes; il s'agit d'Alfieri et c'est lui-même qui parle : « Je défendis toute espèce de message et je

(1) Voir Letourneau, *Physiologie des passions*, livre IV.

passai les quinze premiers jours en poussant des cris et des rugissements affreux. Quelques amis venaient me visiter ; il me semblait qu'ils me plaignaient ; c'était peut-être parce que je ne me plaignais pas moi-même, mais ma figure et mon maintien parlaient à ma place. Je voulus essayer de lire quelque chose, et je ne comprenais pas même les gazettes. Quelquefois il m'arrivait de parcourir des pages entières, d'en prononcer toutes les paroles sans en retenir une seule (1). »

De même, quand l'un des phénomènes qui sont les conditions de la passion vient à disparaître ou à diminuer d'intensité, nous voyons la passion disparaître et être remplacée, selon le cas, par un sentiment, par l'indifférence, par une passion différente ou opposée. La satisfaction de la passion, c'est-à-dire la diminution de l'arrêt, la transforme généralement en sentiment. La diminution ou la disparition de la tendance amène la diminution ou la disparition de la passion et quelquefois son remplacement par une passion opposée. C'est le cas du remords violent.

Le sentiment ne diffère guère de la passion que par la moindre intensité des phénomènes, l'esprit est un peu plus libre, les forces psychiques sont moins absorbées, la conscience est moins envahie, les phénomènes physiques s'atténuent et sont en général peu marqués. Il faut ici bien distinguer le sentiment des autres phénomènes affectifs. C'est, en somme, une question de classification et d'appellations. Le langage est très peu précis sur tous ces points, cela tient sans doute en grande partie à la facilité avec laquelle les phénomènes affectifs augmentent ou diminuent d'intensité, ainsi qu'à leur complication fréquente ; ainsi la passion et le sentiment s'accompagnent, dans certains cas, d'émotions. J'ai moi-même plusieurs fois, dans le cours de cette étude,

(1) **Alfieri**. Cité par Letourneau. Ouvr. cit. p. 207.

employé les termes émotions ou sentiments afin d'éviter les répétitions de termes pour désigner l'ensemble des phénomènes affectifs. Mais ici, il faut préciser soigneusement le sens de chaque terme si nous voulons établir une classification qui ait quelque signification. J'entends donc par sentiments, ces phénomènes affectifs assez durables, comme l'ambition, l'amour, la crainte, la haine, etc., qui sont moins violents que la passion, et s'accompagnent généralement, mais pas toujours, d'une conscience plus ou moins claire de leur objet. Nous n'avons rien de particulier à dire sur cette classe du premier groupe des phénomènes affectifs, sinon qu'on y retrouve, à un moindre degré, tous les caractères de la passion, mais ces caractères se présentent d'une manière moins continue et avec moins d'ensemble. Ainsi, éprouver un sentiment n'empêche nullement de se livrer à une occupation médiocrement absorbante et d'y apporter assez d'attention pour le faire avec profit.

Avec l'impulsion affective, les phénomènes ont encore diminué d'intensité. Mais ce n'est pas seulement un changement général d'intensité qui produit ici la différence des phénomènes. Quand il se produit une impulsion affective, la tendance arrêtée est faible, le surplus de force psychique peu considérable, les phénomènes concomitants très peu nombreux, mais l'arrêt est à peu près complet et la tendance est persistante. La persistance de la tendance et la force de l'arrêt sont les seuls principaux caractères de la production d'une tendance affective. Tous les autres sont très peu prononcés, un d'entre eux manque même généralement, je veux parler de la tendance du phénomène affectif à envahir la conscience entière. Ici, au contraire, le champ de la conscience est généralement occupé par d'autres phénomènes, comme nous l'avons vu tout à l'heure. La tendance affective se produit en effet généralement lorsque, une grande partie des forces psychiques étant déjà en jeu, une nouvelle tendance s'éveille sous l'influence d'une excitation quelconque intérieure ou organique, se trouve arrêtée sans pouvoir aboutir à l'acte et qu'elle persiste. C'est ce qui arrive quand nous sommes occupés à lire ou à travailler par exemple et que les besoins de la marche, de l'exercice, de la nourriture, etc., commencent à se faire sentir sans avoir encore assez de force pour détourner sur eux l'attention de notre esprit. De même que tous les phénomènes que nous venons d'examiner, l'impulsion affective est tantôt le produit d'une tendance arrêtée, qui donne naissance à un phénomène affectif d'intensité croissante, tantôt, au contraire, le résultat de la diminution d'intensité des causes qui produisaient un phénomène de même ordre, mais plus caractérisé. Tantôt, enfin, il n'est ni précédé, ni suivi d'un autre phénomène du même ordre. Ainsi la passion peut provenir de l'évolution d'un sentiment, ou bien, au contraire, donner naissance elle-même à un sentiment par la diminution de l'intensité des causes qui la produisent. De même, l'impulsion affective peut être le premier degré d'un processus psychique qui va de l'indifférence à la passion, ou bien, au contraire, être le résultat de l'affaiblissement d'une passion ou d'un sentiment. Nous aurons l'occasion de revenir ailleurs plus longuement sur ces phénomènes à propos de l'évolution des phénomènes affectifs.

Il résulte des caractères propres de l'impulsion affective que c'est, parmi les phénomènes affectifs, un de ceux qui se rapprochent le plus des phénomènes intellectuels faibles ou des phénomènes automatiques. En effet, les états de l'intelligence et les états de la sensibilité qui ne peuvent guère se confondre alors qu'il s'agit de phénomènes très caractérisés, comme par exemple une passion et un raisonnement, se rapprochent singulièrement quand il s'agit des phénomènes les moins différenciés de chaque classe, de même que le règne animal et le règne végétal sont difficiles sinon impossibles à reconnaître dans les moins élevés des individus qui les représentent. Le phénomène intellectuel et le phénomène affectif ont, en effet, comme nous avons eu l'occasion de le remarquer déjà, certains caractères communs, et ils sont soumis à certaines conditions communes. Or dans les cas où les différences qui séparent un phénomène affectif d'un phénomène intellectuel sont très faibles et tendent à disparaître, comme cela se produit quand se manifeste une impulsion affective, et dans le cas aussi où les phénomènes sont peu observables et assez indifférenciés, comme cela arrive quand il s'agit des derniers substituts intellectuels et des derniers substituts affectifs, on comprend que les phénomènes affectifs et intellectuels tendent à se confondre, et en effet peut-être se confondent-ils réellement. Entre l'idée abstraite de la faim et l'impulsion affective, il y a peu de différence ; cependant on peut en trouver une encore quand le caractère affectif de la tendance est assez marqué, et cette différence est due probablement à ce que l'impulsion est encore un peu plus forte dans le cas où le phénomène produit est à quelque degré un phénomène affectif, et surtout à ce qu'elle est plus persistante. La multiplicité des phénomènes est peu évidente dans la tendance affective, elle se manifeste cependant souvent par quelques phénomènes physiques, des mouvements sans but, de ces mouvements qui constituent l'expression d'une impatience commençante. L'incoordination des phénomènes est naturellement très peu marquée, de même le caractère brusque de leur apparition manque complètement. Par tous ces points le phénomène affectif cesse de différer du phénomène intellectuel.

Pourtant la différence, quoique perceptible à peine dans certaines circonstances, existe encore à mon avis. Je puis penser à la faim, à ce qu'il me semble sans éprouver d'impulsion affective, bien que, si les circonstances sont favorables, l'impulsion affective s'éveille facilement.

Avec le signe affectif, la différence des phénomènes devient moins grande encore, au point de vue de sa fin; le signe affectif diffère de l'impulsion affective, comme nous l'avons vu, en ce qu'il n'est pas accompagné d'une impulsion vers un système particulier de mouvements, il ne tend pas directement à produire un mouvement. Au point de vue de son origine, le signe affectif qui ressemble par tous les autres points à l'impulsion affective s'en distingue en ce que même le caractère général du groupe dont il fait partie, je veux parler de la persistance de la tendance, s'affaiblit et devient moins constante. Le signe affectif, en effet, est produit quelquefois par une tendance qui persiste assez longtemps, et quelquefois par une tendance qui persiste relativement très peu. Aussi la distinction entre le signe affectif et le signe intellectuel devient-elle très difficile à faire. Pour s'en rendre bien compte, on peut essayer d'observer par le souvenir, — car l'observation directe d'un signe affectif risquerait fort de faire disparaître le phénomène et de lui en substituer un autre, un signe affectif, — et de le comparer avec l'idée, la représentation intellectuelle abstraite du même sentiment; on verra, autant que j'en puis juger, car l'observation et la comparaison ne sont pas très faciles, que les deux ordres de phénomènes tendent à se confondre, et que si le caractère affectif, ce caractère qui ne peut guère se définir ni s'analyser, est encore marqué chez l'un d'entre eux seulement, ce que l'on doit admettre, à mon avis, la différence est bien peu sensible. Nous touchons ici à ces phénomènes limites dont la classification rigoureuse est impossible. Ai-je besoin d'ajouter que d'ailleurs ni les différentes classes de phénomènes affectifs, ni même les différentes classes de phénomènes psychiques ne sont séparées par des lignes bien nettes, et qu'il est fort difficile de distinguer un phénomême intellectuel d'un phénomène qui présente, à un très faible degré, le caractère de l'affectivité, de même qu'il est fort difficile de distinguer un sentiment très fort d'une passion ordinaire ? On admet bien généralement que toute classification rigoureuse présente quelque chose d'artificiel. Nous ne retrouvons plus guère dans le signe affectif que la persistance quelquefois bien courte d'une tendance très faible. Ces phénomènes secondaires sont très affaiblis, celui qui persiste le plus est peut-être la multiplicité et l'incoordination des phénomènes, manifesté à peine par quelques phénomènes physiques. Tous les autres caractères qui accompagnent la production d'un phénomène de l'ordre affectif ont disparu ou peu s'en faut, car, dans les cas les plus marqués, on peut retrouver encore à quelque degré l'apparition brusque des phénomènes ; mais dans les cas les moins marqués, nous nous rapprochons beaucoup des signes intellectuels faibles et des tendances instinctives.

II

DEUXIÈME ET TROISIÈME CLASSES. — LES SENSATIONS AFFEC-
TIVES ET LES ÉMOTIONS. RAPPORTS GÉNÉRAUX DES DIFFÉ-
RENTES CLASSES DES PHÉNOMÈNES AFFECTIFS.

Les *sensations affectives*, auxquelles je donne ce nom pour distinguer dans les sensations l'élément sensitif de l'élément intellectuel, correspondent à peu près aux *sentiments présentatifs* de M. Spencer, qui sont, d'après cet auteur, « ces états mentaux dans lesquels, au lieu de regarder une impression corporelle comme une

impression de cette nature, ou comme localisée ici ou
là, nous la considérons comme un plaisir ou une
peine : comme par exemple quand nous respirons un
parfum (1). » On peut citer encore comme rentrant dans
cette catégorie de phénomènes affectifs, tous les plaisirs
des sens, considérés dans leur partie purement sensuelle. Les sensations affectives se distinguent des
sentiments en ce qu'elles ne se rapportent pas comme
les sentiments à des groupes de tendances très complexes, et ayant pour fin la systématisation générale de
l'homme ou de ses rapports avec le milieu. Ainsi un
sentiment comme l'amour, l'ambition, la sympathie, ou
une passion quelconque, ont en général pour effet ou
pour cause la mise en jeu de systèmes très complexes
de tendances et d'impulsions. Il n'en est jamais de
même pour les sensations affectives ; les tendances qui
les éveillent sont peu nombreuses, et se rapportent
moins à la vie intérieure et profonde de l'individu, bien
qu'elles ne soient pas sans rapport avec elle, et qu'elles
puissent éveiller les tendances qui la constituent. Mais
alors des phénomènes affectifs d'un caractère différent
se produisent par l'éveil et l'arrêt de ces nouvelles
tendances. Une odeur peut nous paraître agréable à
respirer pour elle-même, et sans qu'aucun autre fait
psychique vienne s'y joindre par association, elle nous
donne une sensation agréable. Mais si le parfum rappelle,
par exemple, une personne aimée, et s'il fait revivre
dans la mémoire des souvenirs doux ou tristes, nous
sommes bien loin de l'émotion purement sensuelle et de
la sensation affective. Le cercle de l'émotion s'élargit
singulièrement, ce sont des sentiments qui se produisent. On peut trouver que la pervenche est une jolie
fleur, et avoir un certain plaisir — pas très vif — à la
regarder, mais le cri de Rousseau en retrouvant la

(1) Herbert Spencer, *Principes de psychologie.* I, 534.

pervenche, et les émotions qu'éveille la vue de cette
fleur dénotent des phénomènes affectifs bien différents
de la simple sensation affective.

A ce point de vue, la tendance affective elle-même, qui
est un des phénomènes les moins complexes de la classe
que nous avons étudiée la première, est encore bien
supérieure comme complexité à la sensation affective.
L'impulsion affective, en effet, est en général la manifestation d'un besoin général de l'organisme, c'est-à-dire
d'une tendance assez complexe dans ses causes sinon
dans ses effets. Il n'en est pas de même pour la sensation affective, rien ne le prouve mieux que les cas où les
sensations affectives ou plutôt les tendances qui les
provoquent éveillent des phénomènes d'ordre supérieur.
J'en emprunte un exemple frappant à M. Guyau : « Un
jour d'été, après une course dans les Pyrénées poussée
jusqu'au maximum de la fatigue, je rencontrai un berger
et lui demandai du lait ; il alla chercher dans sa cabane,
sous laquelle passait un ruisseau, un vase de lait plongé
dans l'eau et maintenu à une température presque
glacée : en buvant ce lait frais où toute la montagne
avait mis son parfum et dont chaque gorgée savoureuse
me ranimait, j'éprouvai certainement une série de
sensations que le mot *agréable* est insuffisant à désigner.
C'était comme une symphonie pastorale saisie par le
goût au lieu de l'être par l'oreille (1). »

On voit combien ici les phénomènes se compliquent ;
ce sont de véritables sentiments qui apparaissent, des
sentiments de l'ordre contemplatif, de ceux où les tendances sont le plus vite enrayées, de l'ordre le moins
actif, ce qui les rapproche des sensations affectives.
Remarquons aussi, si cela est nécessaire, combien les
limites entre les classes de phénomènes sont difficiles à
déterminer avec exactitude et combien la sensation

(1) Guyau, *les Problèmes de l'esthétique contemporaine*, p. 63.
F. Alcan, 1884.

affective pure diffère peu de la sensation affective accompagnée de sentiment.

Quand un sentiment, une passion, une impulsion affective, ou une émotion s'éveillent sous l'influence d'une excitation venue du dehors, cette excitation n'a pourtant qu'un rôle relativement secondaire dans le phénomène. C'est, selon la comparaison ordinaire, l'étincelle qui met le feu à la poudre ; la plus grande partie du phénomène est due à l'organisation préétablie des tendances. Et dans la plupart des cas, le phénomène peut être déterminé à peu près avec les mêmes caractères par une excitation différente de celle qui l'a éveillé. I n'en est pas de même pour la sensation affective ; ici l'excitation venue du dehors a relativement la plus grande importance ; elle ne ferait rien évidemment sans l'organisation préalable de l'organe qu'elle frappe, — il est bien sûr qu'une violette placée devant un caillou ne déterminera dans le caillou aucune sensation affective, — mais les phénomènes qu'elle détermine dans l'organisme ne peuvent être produits avec toute leur intensité, et les particularités de leur caractères, que par une excitation appropriée.

Les phénomènes qui accompagnent la production des phénomènes affectifs se présentent quand il s'agit d'une sensation affective avec certaines particularités. L'arrêt des tendances est manifeste par le fait que l'habitude, en facilitant les rapports de l'excitation et de l'organisme, diminue la sensation affective. Une odeur agréable cesse d'être sentie au bout de quelques instants, le plaisir que nous fait éprouver la vue d'un assemblage de couleurs vives et bien assorties s'émousse assez facilement. Il en est de même pour le plaisir que nous cause une combinaison de sons qui reste la même. L'accord parfait est généralement agréable par lui-même, mais, si nous l'écoutions seulement cinq minutes, le plaisir aurait disparu. Souvent alors, c'est une sensation affective

pénible qui se montre au lieu de la sensation agréable.
Dans ce cas, le phénomène est dû d'abord sans doute à
la fatigue locale produite par l'excitation, et, si l'on se
rappelle la définition que j'ai donnée de la tendance, on
reconnaîtra qu'il y a là encore une tendance entravée.
L'arrêt de la tendance est encore rendu visible psycho-
logiquement par ce fait particulier qui consiste dans
l'acte de savourer une sensation agréable et de s'y com-
plaire. Le caractère de l'arrêt des tendances, dans le cas
de production d'une sensation affective, est que cet arrêt
se produit sur des tendances naissantes — un peu
comme cela a lieu pour les sentiments esthétiques —
aussi l'on ne peut nier, à mon avis, le caractère esthétique des sensations affectives agréables.

La multiplicité des phénomènes dans la production de
la sensation affective est assez peu marquée, cela s'explique par le fait que le phénomène affectif change de
caractère et devient un sentiment quand une trop grande
quantité de tendances et de phénomènes sont éveillés.
Cependant la sensation affective s'accompagne d'une
certaine excitation générale diffuse et mal définie.
Cette excitation rentre dans la classe des phénomènes
signalés par M. Féré dans une étude des plus intéres-
santes, publiée par la *Revue philosophique* (1). Il se produit aussi certains phénomènes particuliers déterminés
par les causes que nous avons déjà reconnues. Ces phénomènes sont surtout d'ordre physique, l'imagination se
met peu en branle à propos d'une sensation affective,
cela n'arrive guère que quand la sensation affective se
complique d'un sentiment. Si le phénomène affectif est
très marqué, comme c'est le cas pour un gourmand qui
mange un mets artistement préparé, la multiplicité des
phénomènes s'accentue, ainsi que leur incoordination.

(1) Ch. Féré, *Sensation et mouvement. Revue philosophique*, octobre
1885.

Il se produit alors par exemple des soupirs de satisfaction, des interjections, des mouvements de tête, etc. La plus vive des sensations affectives, le plaisir sexuel, s'accompagne parfois de phénomènes qui l'ont fait comparer à une attaque épileptique. Les phénomènes physiques produits ont en général pour fin la continuation ou le renouvellement de la sensation affective ; tels sont les mouvements de l'œil ou des narines, la sécrétion de la salive, etc., et tous les phénomènes du même ordre. On voit que l'incoordination des phénomènes est très peu marquée. Le caractère brusque de leur apparition est plus fréquent. Ainsi une couleur, ou un assemblage de couleurs produira une sensation affective d'autant plus forte, agréable ou non, que la sensation aura été moins préparée. Une lumière, même modérée, fait éprouver une impression désagréable, si elle nous surprend brusquement au sortir d'un lieu obscur ; une couleur verte paraîtra plus belle, si nous avons regardé longtemps une couleur rouge. Enfin la tendance du phénomène affectif à envahir la conscience entière est très marquée dans les sensations affectives les plus vives. Toute l'attention peut très bien se concentrer sur la saveur d'un mets, sur le bouquet d'un vin, sur le charme d'une combinaison de couleurs ou de sons. (Je ne parle ici à propos de couleurs et de sons que des plaisirs des sens — il y a bien entendu autre chose comme nous aurons l'occasion de le voir, dans la musique et la peinture.)

Aux sensations affectives, on peut rattacher les images affectives qui leur ressemblent à peu près complètement, sauf par la vivacité et sauf qu'elles ne sont pas produites par une excitation venue du dehors. Elles sont, par rapport aux sensations affectives, ce que sont les images intellectuelles par rapport aux sensations. Elles constituent le réveil faible par imagination ou par souvenir d'une sensation affective. Peut-être faudrait-il ranger

dans cette classe ce que nous pourrions appeler des hallucinations ou des illusions affectives. Lorsque, par
exemple, on fait boire de l'eau à une somnambule en lui
persuadant qu'elle boit du rhum ou qu'on lui fait respirer un flacon sans odeur en lui persuadant que c'est
de l'ammoniaque, les phénomènes produits peuvent bien
passer pour des hallucinations ou des illusions. Ce mot
semblera peut-être bizarre en parlant d'un phénomène
affectif. En effet, il ne peut guère y avoir une hallucination que si le phénomène qui porte ce nom est un
phénomène intellectuel : l'erreur, dont l'hallucination
est un cas, étant le nom que l'on donne au manque de
systématisation dans les phénomènes intellectuels. C'est
une question de mots en somme, mais il faut autant
que possible, pour éviter les confusions, conserver aux
termes leur sens précis, et expliquer pourquoi on les
détourne un peu de leur acception ordinaire. Or, dans
le fait de la sensation affective et de l'image affective,
les faits intellectuels et les faits affectifs, quoique logiquement distincts, sont en réalité si profondément unis
que l'on ne risque guère en désignant le phénomène
affectif par le même nom que le phénomène intellectuel, pourvu que l'on s'entende à l'avance.

Les images affectives et les hallucinations affectives
comprennent une série de phénomènes dont l'intensité
va en augmentant à mesure qu'ils ressemblent plus à la
sensation affective. Je n'ai pas besoin sans doute de distinguer les images affectives des images qui s'accompagnent de sentiments, la distinction serait semblable à
celle que j'ai établie entre le sentiment et la sensation
affective. L'image affective, comme la sensation affective,
n'intéresse que les données directes des sens ; elle s'accompagne, avec moins de force, des mêmes phénomènes
que la sensation affective. Ainsi, la multiplicité des phénomènes se montre par des ébauches de phénomènes
physiques ou même par des phénomènes achevés. L'image

du goût du citron par exemple, en même temps qu'elle produit un phénomène affectif, active la sécrétion de la salive. Je ne dis rien de plus sur les caractères particuliers de l'image affective, vu leur ressemblance avec ceux que nous venons d'étudier.

Enfin, au-dessous de l'image affective se placeraient encore des substituts affaiblis de la sensation affective, comme nous avons vu tout à l'heure des substituts affaiblis de la passion et du sentiment. Je n'insiste pas sur cette classe de phénomènes, très difficiles à observer, et qui ne paraît d'ailleurs présenter d'ici aucun caractère particulièrement intéressant.

Nous arrivons enfin à la troisième grande classe des phénomènes affectifs, aux émotions : nous trouvons encore ici des caractères assez particuliers, qui se remarquent dans la manifestation des causes générales des phénomènes affectifs. Ces caractères particuliers, comme il fallait s'y attendre, sont d'autant plus évidents que le phénomène affectif est lui-même plus marqué et différencié. Si nous prenons une émotion forte et très nette, nous verrons ces caractères se montrer avec beaucoup de netteté.

L'un des principaux caractères que nous trouvons dans l'émotion, c'est la force et la soudaineté de l'arrêt des tendances. Nous éprouvons surtout une émotion quand quelque chose vient à l'improviste mettre un obstacle à la continuation de nos habitudes d'esprit, et désorganiser les tendances les plus profondément ancrées dans notre cerveau. Ainsi si l'on nous apprend à l'improviste la mort d'une personne aimée, ou toute autre nouvelle qui tend à dissoudre des associations existant déjà dans notre esprit, nous éprouvons une émotion d'autant plus forte que l'arrêt est plus brusque, plus fort et que les tendances arrêtées sont plus fortes et plus systématisées. Aimer une personne, cela signifie que l'image de cette personne ou de ses actes, etc., en un mot tout ce qui émane d'elle et se rapporte à elle a été souvent et fortement lié à notre vie mentale. L'amour qu'on éprouve pour une personne peut se mesurer à la place qu'elle occupe dans notre vie et au rôle que les actes, les paroles ou l'idée des sentiments ou des opinions de cette personne jouent dans l'organisation de nos habitudes d'esprit, que cette influence se manifeste ou non d'une manière appréciable à la conscience. Il se forme ainsi des systèmes d'idées, de tendances, d'impulsions qui s'organisent de plus en plus. La mort de la personne aimée, dans ces conditions-là, est une véritable désorganisation de la personne aimante, un déchirement du moi, un arrêt d'un grand nombre de systèmes d'idées et de tendances avec tous les phénomènes qui en dérivent. De là provient la force de l'émotion que cause cette mort. Nous pouvons observer facilement que l'émotion décroît à mesure que l'arrêt devient moins brusque et nous remarquerons en même temps la différence qui sépare l'émotion du sentiment. Si, par exemple, la mort survient après une longue maladie, l'émotion sera moins vive, bien que la douleur puisse être aussi forte et persister aussi longtemps. C'est que la connaissance de la maladie a déjà préparé la désorganisation des tendances et que de nouvelles tendances différentes ont commencé à se former et ont rendu moins brusque l'arrêt définitif.

Tout ce qui vient ainsi augmenter une impulsion ou déterminer un arrêt à l'improviste, ces brusques décharges nerveuses qui dégagent subitement une force incapable de se dépenser d'une manière systématique, est susceptible de nous faire éprouver une émotion. Un amour qui dure longtemps est accompagné d'un nombre d'émotions considérable. Chaque fois que quelque chose vient le menacer ou le favoriser jusqu'à un certain point, c'est-à-dire arrêter les tendances naissantes, ou les augmenter par un commencement de satisfaction, une émotion se produit. La vue de la personne aimée, une lettre, n'importe quoi amène un dégagement brusque de force nerveuse qui se traduit par un phénomène affectif de l'ordre des émotions.

Un des caractères de l'émotion, qui dérive du premier, c'est son peu de durée. Une émotion est généralement courte, et cela est assez naturel, puisque nous voyons que son caractère le plus net est la brusque apparition des phénomènes et que l'émotion n'est que le côté psychique de cette apparition. Mais, si l'émotion est généralement de peu de durée, elle est susceptible de se renouveler, et il semble, en effet, que l'observation directe montre bien une oscillation d'émotion et de non-émotion, dans le cas où l'émotion première a été très vive. Sur un fond à peu près uniforme de douleur ou de joie, qui indique la persistance de la tendance ou de l'arrêt, se détachent de temps en temps et brusquement, tantôt sous l'influence d'une idée accessoire qui vient s'éveiller, tantôt sans cause appréciable, des phénomènes émotifs. La douleur ou la joie s'exaltent de temps en temps brusquement, et pour un temps assez court, et s'apaisent de nouveau. Il va sans dire d'ailleurs que le fait de la brusque apparition de l'arrêt, et le fait de la brièveté de l'émotion peuvent être plus ou moins marqués.

L'émotion est souvent produite sous l'influence d'une excitation venue du dehors : une lettre qu'on lit, une rencontre que l'on fait, un heurt que l'on reçoit, une impression soudaine, visuelle ou auditive, etc... Mais nous avons déjà vu que, sur ce point, l'émotion se distingue de la sensation affective en ce qu'elle est bien moins directement liée à la cause qui la fait naître, et que les conditions organico-psychiques du développement de l'émotion sont beaucoup plus complexes et profondes que celles de la sensation affective. De plus, une idée peut aussi bien qu'une sensation faire naître une émotion très vive. Il suffit que l'idée se présente sans être attendue, sans être préparée, et qu'elle s'accompagne de l'éveil d'une tendance qui soit fortement arrêtée ou qui tende avec force à en arrêter d'autres.

La multiplicité des phénomènes est très marquée dans les émotions, et l'émotion se manifeste surtout par des phénomènes physiques très nombreux ; telles sont, comme nous l'avons vu, l'augmentation ou la diminution des sécrétions, ou les modifications de leur nature ; il n'y a pas, d'après Mandsley, un seul acte nutritif que l'émotion ne puisse affecter. Les effets physiques de la peur, de la surprise, de la honte subite, etc., sont très nets et bien connus. L'action exercée sur le cœur est très importante, elle peut aller jusqu'à déterminer la mort ; enfin on voit se produire dans l'émotion vive, avec une intensité remarquable, tous les caractères que nous avons énumérés plus haut en traitant des causes générales des phénomènes affectifs.

La multiplicité s'observe bien moins en ce qui concerne les phénomènes psychiques. Tant que l'émotion dure, il se produit au contraire une sorte d'inhibition psychique, l'esprit est comme paralysé et devient incapable d'imagination, de raisonnement et même de sensibilité pour ce qui ne se rapporte pas strictement à l'émotion elle-même.

Nous trouvons par conséquent ici à un haut degré la tendance à envahir la conscience entière que nous avons signalée dans un grand nombre de phénomènes affectifs. Elle a dans ce cas ceci de particulier, que la conscience n'est pas envahie par un système de faits psychiques, mais bien par une seule impression.

La multiplicité des phénomènes et la tendance à envahir la conscience entière ne sont pas contradictoires, comme on pourrait le supposer au premier abord. En effet, d'abord la tendance à occuper la conscience peut se manifester sans que tous les autres phénomènes conscients disparaissent, et surtout elle s'accorde assez bien avec l'apparition d'un grand nombre dé phénomènes physiques. Enfin, comme nous avons pu le voir, si la tendance à absorber toutes les forces psychiques arrive à son plus haut degré, si tout le champ de la conscience est envahi par une seule impression, la conscience cesse, et l'émotion, en tant qu'elle est un état de conscience, disparaît avec elle. C'est dire que généralement la tendance à envahir le champ de la conscience, tout en se faisant plus ou moins sentir, n'arrive pas complètement à sa fin.

Pendant l'émotion qui est une sorte de choc moral, même lorsqu'elle est relativement faible, la conscience est à peu près entièrement absorbée; elle est absorbée parfois au point de devenir moins nette, l'esprit éprouve une sorte d'obnubilation passagère. « Un voile passa devant mes yeux » est une formule employée fréquemment pour dépeindre cet état de l'âme; je pourrais citer plusieurs passages de divers romans où le même phénomène est décrit. « Etre frappé de stupeur, perdre la notion des choses, être ébloui » sont des expressions qui s'emploient très bien dans la notation d'une émotion un peu vive.

On trouve ces caractères parfaitement indiqués dans la description de l'émotion donnée par M. Letourneau. Bien que M. Letourneau paraisse prendre le mot émotion dans un sens moins précis que je ne le fais moi-même, les caractères qu'il énumère et qu'il rassemble dans le tableau que je vais citer ne me paraissent guère pouvoir se rapporter qu'à l'émotion, telle que je la comprends.

« Le cerveau ébranlé par une vive secousse morale ne vit plus que pour elle. Il y a concentration de l'activité nerveuse sur un point, d'où interruption plus ou moins complète des relations entre les centres nerveux et les autres organes. Les muscles volontaires oubliés par l'axe céphalo-rachidien sont débilités, quelquefois frappés

d'impuissance. Les jambes fléchissent, un athlète est
alors plus faible qu'un enfant. Les organes des sens spé-
ciaux deviennent à peu près inutiles. L'oreille n'entend
plus, les yeux ne voient plus, etc. On peut alors subir une
blessure grave, une mutilation sans presque rien sentir.

« Les fonctions organiques n'échappent point au trouble
général. Le cœur dont l'appareil nerveux est mixte, mi-
partie volontaire et organique, dont les fibres muscu-
laires sont striées, est troublé le premier. Parfois, ses
battements se précipitent un instant, mais bientôt ils se
ralentissent, et souvent se suspendent, d'où la pâleur
de la face et parfois la syncope. La respiration partage
naturellement le sort de la circulation. Les sécrétions
sont troublées, le travail de la digestion s'arrête. Comme
les autres muscles, les sphincters paralysés se relâchent,
ils perdent même leur tonicité.

« Naturellement, les fonctions intellectuelles proprement dites sont à peu près suspendues, qu'il y ait ou non
syncope. Impossible de s'occuper de ce qui est étranger
à l'impression morale actuelle. Mais cette période de
dépression est de courte durée. Le flot de la vie, momentanément suspendu ou ralenti, se précipite avec violence ; une énergique réaction se produit.

« A la concentration de l'activité nerveuse succède
une large expansion. Le système musculaire redevient
actif, et quelquefois même acquiert une étonnante puissance. Les sens se réveillent, mais l'attention, toujours
captivée par une idée unique, ne permet pas à l'être
ému de percevoir ce qui n'a point trait à l'émotion ;
aussi les facultés intellectuelles ne peuvent fonctionner
énergiquement que dans le sens de l'impression morale.
Pour la même raison, on est encore peu ou point sensible à la douleur *sensitive*.

« De faibles qu'ils étaient, les battements du cœur
deviennent violents, rapides, tumultueux. Le cerveau se
congestionne, la face est vultueuse, la respiration rapide,

haletante. Les sécrétions se font avec une activité anormale. Souvent, les larmes coulent abondamment; souvent un flot biliaire s'épanche dans l'intestin. Tout l'appareil glandulaire gastro-intestinal est probablement affecté; car il y a souvent des vomissements, etc. Chez la nourrice, la sécrétion lactée, que l'émotion commence généralement par suspendre, ne se rétablit pas toujours.

« Parfois les reins sécrètent une énorme quantité d'urine aqueuse, incolore. Si la bile est sécrétée en trop grande abondance pour être rapidement expulsée, elle est résorbée, et il y a ictère. En général sueur abondante. »

« ... Au bout d'un temps ordinairement assez court, l'excitation organique désordonnée, produite par l'émotion, tombe, laissant après elle la fatigue, l'affaissement qui succèdent toujours à une dépense exagérée. »

Les émotions forment une classe de phénomènes affectifs dont un des caractères remarquables est d'accompagner d'autres phénomènes affectifs. Elles correspondent à un changement brusque dans le mode d'action, dans la force des tendances dont l'arrêt produit un sentiment ou une passion. L'amour, la haine, l'ambition, etc., s'accompagnent d'émotions, comme nous l'avons vu, quand quelque incident les favorise ou les entrave. Les émotions ont ainsi un caractère rationnel plus marqué que celui des autres phénomènes de même genre. Dans la classe des émotions nous devons ranger le plaisir et la douleur qui cependant doivent y être mis à part; comme les émotions, en effet, le plaisir et la douleur sont à un degré plus haut que les autres phénomènes affectifs des faits de relation, et ils n'existent guère indépendamment des autres états de la sensibilité ou de l'intelligence qui les accompagnent. Ce sont des tons différents que presque tous les sentiments, presque toutes les passions et les émotions sont susceptibles de prendre, selon le degré de systématisation des tendances qui les produisent. Le plaisir est le résultat d'une systématisation croissante, la douleur est le résultat d'une systématisation décroissante; tous les deux impliquent, bien entendu, comme tous les phénomènes affectifs et même comme tous les faits de conscience, que la systématisation n'est pas parfaite. Aussi voit-on tel sentiment, comme l'amour ou la haine, s'accompagner, selon les moments de plaisir ou de douleur, selon la nature et la force de l'arrêt que subissent les tendances qui le produisent 'et selon que ces tendances s'adaptent plus ou moins avec les habitudes antérieures du cerveau et de l'esprit.

Cependant le plaisir et la douleur diffèrent remarquablement par un côté des autres émotions, ils sont susceptibles d'avoir une durée beaucoup plus longue et la brusque apparition des phénomènes n'y est pas plus marquée que dans la plupart des phénomènes affectifs; comme ils peuvent accompagner à peu près tous les autres phénomènes affectifs, il en résulte qu'ils n'ont guère de caractère propre sauf celui-là.

Enfin, pour terminer ce chapitre, remarquons sans nous arrêter que l'émotion, comme les autres phénomènes affectifs, peut être plus ou moins vive, et que les formes les plus faibles et les moins différenciées de ce phénomène pourraient aisément être confondues avec les formes faibles des phénomènes que nous avons précédemment étudiés. Toujours, par la dégradation insensible des caractères qui donnent à un phénomène affectif sa nature propre, nous arrivons à une sorte de résidu psychologique qui n'est pas une simple abstraction, puisque la conscience peut l'observer, mais qu'il n'y a pas lieu, semble-t-il, d'étudier plus longuement, puisqu'il ne paraît guère offrir rien de particulier, si ce n'est l'affaiblissement des causes qui produisent le phénomène et l'affaiblissement corrélatif du phénomène produit.

RÉSUMÉ GÉNÉRAL DES DEUX PREMIERS CHAPITRES

PHÉNOMÈNES AFFECTIFS
en général

Conditions générales

Dégagement de force psychique qui ne peut s'employer d'une manière systématique et se traduire par des phénomènes suffisamment coordonnés.

Phénomènes essentiels :

Arrêt des tendances. Multiplicité des phénomènes.

Phénomènes secondaires

Ne se présentant pas toujours tous à la fois, mais desquels un au moins est nécessaire à la présence du fait affectif :

Incoordination relative des phénomènes. Apparition brusque des phénomènes. Persistance de l'impulsion. Intensité de l'impulsion. Tendance à envahir presque entièrement la conscience et à absorber presque en totalité les forces psychiques.

GROUPES PRINCIPAUX :

SUBDIVISIONS
1° Passions.

Intensité extrême de l'impulsion. Tendance très forte à envahir la conscience et à absorber les forces psychiques. Incoordination marquée dans les cas extrêmes.

2° Sentiments.
Mêmes caractères affaiblis.

3° Impulsions affectives, et 4° signes affectifs.

Incoordination des phénomènes très peu marquée. Tendance à absorber les forces psychiques très faible. Diminution, surtout pour les signes affectifs, de la persistance des impulsions. Se rapprochent des phénomènes faibles d'ordre purement intellectuel et des phénomènes faibles appartenant aux autres classes de phénomènes affectifs.

DIVISIONS

1er GROUPE
Caractères généraux :

1° Persistance des impulsions. 2° Complexité et importance considérable des tendances mises en jeu.

2° GROUPE. — Sensations affectives.
Caractères généraux :

1° Excitation spécialisée, venue du dehors, jouant un rôle prépondérant dans leur apparition.
2° Affaiblissement rapide et persistance faible de la tendance qui éveille le phénomène affectif.
3° Peu de complexité et d'importance organique des tendances mises en jeu.
4° Multiplicité des phénomènes relativement peu marquée en général. Les formes faibles se rapprochent progressivement des formes faibles des autres groupes.

3° GROUPE. — Émotions.
Caractères généraux :

1° Dégagement brusque de la force nerveuse et apparition brusque des phénomènes.
2° Durée très faible du mode d'activité psychique qui produit l'émotion.
3° Multiplicité des phénomènes se manifestant surtout par des phénomènes physiques.
4° Absorption complète des forces psychiques.

Caractère hautement relationnel. Se manifestent surtout en concomitance avec d'autres phénomènes affectifs.

Le plaisir et la douleur se rattachent à ce groupe par le caractère relationnel qu'ils possèdent à un haut degré, sans conserver les autres caractères du groupe.

Il existe des formes affaiblies d'émotion, caractérisées par l'affaiblissement des caractères indiqués. Les formes les plus faibles se rapprochent des formes faibles des autres groupes de phénomènes affectifs ou même de phénomènes psychiques ou se confondent avec elles.

6

CHAPITRE III

Les lois de production des phénomènes affectifs composés.

I

POSITION DE LA QUESTION

Nous avons parlé jusqu'ici des circonstances qui déterminent la production des phénomènes affectifs en général ou d'un groupe particulier de phénomènes affectifs, sans nous préoccuper de la simplicité ou de la complexité du phénomène produit. Nous avons remarqué simplement que la multiplicité des phénomènes et l'éveil de nombreuses tendances étaient un des caractères permanents de l'apparition d'un phénomène affectif, mais sans insister sur ce fait que l'éveil de nouvelles tendances produisait de nouveaux phénomènes affectifs quand ces tendances, ce qui arrive fréquemment, sont à quelque degré enrayées dans leur développement. Nous avons négligé de même ce fait que souvent, parfois sous l'influence de deux causes distinctes, deux impulsions opposées ou tout au moins différentes se manifestent, et que les phénomènes affectifs différents qui en résultent concourent pour donner un caractère spécial à l'état de conscience synthétique qui se produit en ce moment. Tels sont les phénomènes affectifs composés

qui résultent, par exemple, de la représentation d'un
opéra, ou plus simplement du fait d'entendre un air
avec un accompagnement dont le caractère diffère de
celui du chant ; comme par exemple la sérénade de *don
Juan*. C'est un effet de ce genre que produit un procédé
employé souvent dans la musique dramatique et qui
consiste à ramener à l'orchestre un motif entendu auparavant dans une situation différente, ce qui l'associe
avec des impressions qui ne sont pas celles que nous
serions tentés d'éprouver en l'entendant. Enfin le phénomène affectif est produit par une tendance arrêtée,
mais cette tendance est arrêtée généralement par le fait
d'autres tendances qui, elles aussi, subissent un arrêt
et, si cet arrêt est suffisamment fort, on comprend
facilement que des sentiments opposés s'éveillent simultanément dans l'esprit. Si par exemple l'idée du vol se
présente à l'esprit d'un homme honnête et sans res-
sources, cette tendance naissante est arrêtée par les
habitudes acquises de l'esprit ; mais les habitudes sont
plus ou moins fortement entamées par l'idée naissante,
et, si l'on se rappelle la définition de la tendance que j'ai
proposée au commencement du premier livre, on reconnaîtra qu'il se produit ici aussi un arrêt de tendance.
De là naît un état de conscience complexe, un résultat
de la honte, de l'envie, de la dignité, de la crainte, de
la faim peut-être, de la misère, etc. Tout cela s'amalga-
mera plus ou moins en un état de conscience unique,
et les divers sentiments qui résultent des diverses
tendances peuvent alternativement occuper le « point
visuel » de la conscience ; mais en ce cas même, les
états qui sont momentanément effacés ne disparaissent
pas complètement, l'état de conscience total en reçoit
un ton particulier, et, à d'autres moments, il semble
bien que les deux sentiments s'unissent sans se confondre et que, comme dans la « volupté de la pitié » et la
« volupté de la douleur » que nous aurons occasion

d'examiner de plus près, le sentiment est double en quelque sorte.

Le phénomène affectif complexe peut donc se présenter à nous sous différentes formes et avec plus ou moins d'unité. Il est des cas où les diverses tendances s'harmonisent au point que la conscience paraît occupée par un seul sentiment et qu'il faut l'observer attentivement et le décomposer par l'analyse ou le recomposer et le faire varier par la synthèse, pour en apercevoir la complexité ; dans d'autres cas, au contraire, il paraît que l'esprit éprouve deux sentiments à la fois. L'opposition des phénomènes est juste assez nette pour que leur différence soit perçue avec évidence par la conscience. D'autres fois la conscience est dans un état de trouble profond, résultant de la lutte de deux tendances de force presque égale et qui ne peuvent coexister, pour attirer à elles les forces psychiques ; enfin, il existe, au moins chez certaines personnes, des tendances assez fortes, assez organisées, assez liées avec tous ou presque tous les systèmes de tendances qui constituent l'organisme pour qu'aucune tendance opposée ne puisse engager contre elles une lutte sérieuse et attirer à elle assez de forces psychiques pour se manifester à la conscience. Nous avons à étudier successivement ces diverses formes générales complexes des phénomènes affectifs, et à tâcher d'en déterminer les lois.

II

LES FORMES NON UNIFIÉES DE PHÉNOMÈNES AFFECTIFS COMPLEXES

C'est un fait bien connu qu'un individu renferme en lui un certain nombre de tendances, d'associations

systématisées, qui, quoique en opposition formelle les
unes avec les autres, peuvent coexister et se manifester
soit successivement, soit simultanément. L'homme ne
possède ni l'unité métaphysique, dont le sens d'ailleurs
est très vague, ni même l'unité fonctionnelle physiologique (1). Un phénomène des plus curieux qui montre
bien cette diversité de l'homme, c'est le fait, réalisé par
l'expérimentation psychologique, qui montre le fonctionnement entièrement distinct de plusieurs systèmes de
tendances motrices. M. Richer rapporte à propos d'un
sujet mis en état de somnambulisme que : « la malade
peut être partagée entre deux expérimentateurs dont le
contact n'est supporté que par la moitié du corps avec
laquelle chacun est mis en communication. La zone
d'action des deux expérimentateurs est parfaitement
limitée par un plan vertical antéro-postérieur passant par
le milieu du corps du sujet : chacun d'eux peut promener
les doigts sur une moitié du corps du sujet : face, dos, poi-
trine, au travers des habits même, sans provoquer aucun
geste ou mouvement de défense ; mais aussitôt que son
doigt dépasse la ligne médiane B... gémit et fait un mouvement de recul pour éviter l'attouchement du doigt qui
a dépassé les limites du territoire qui lui a été dévolu.

« Chacun des deux expérimentateurs peut produire à
volonté des contractures par le souffle, par les passes,
mais exclusivement sur la moitié du corps qui lui appartient. De même, une contracture produite par un expérimentateur ne peut être détruite par l'autre ; par
exemple, l'expérimentateur de gauche ne peut rien
contre une contracture produite à droite par l'expérimentateur de droite.

« La pression sur le vertex exercée par un nouvel
expérimentateur change immédiatement l'état des choses

(1) Voir mon article sur les variations de la personnalité à l'état
normal, *Revue philosophique*, mai 1882.

et laisse tout pouvoir pour la production des phénomènes variés du somnambulisme au nouvel arrivant (1). »

M. Taine a rapporté un fait très curieux aussi et bien
connu, dans lequel nous trouvons encore un dédoublement marqué de la personnalité. Le sujet écrit sans s'en
rendre compte.

« J'ai vu une personne qui, en causant, en chantant,
écrit, sans regarder son papier, des phrases suivies et
même des pages entières sans avoir conscience de ce
qu'elle écrit. A mes yeux, sa sincérité est parfaite : et
elle déclare qu'au bout de sa page elle n'a aucune idée
de ce qu'elle a tracé sur le papier ; quand elle le lit, elle
en est étonnée, parfois alarmée. L'écriture est autre que
son écriture ordinaire. Le mouvement des doigts et du
crayon semble automatique. L'écrit finit toujours par
une signature, celle d'une personne morte, et porte
l'empreinte de pensées intimes, d'un arrière-fonds mental que l'auteur ne voudrait pas divulguer. Certainement,
on constate ici un *dédoublement* du moi, la présence
simultanée de deux séries d'idées parallèles et indépen-
dantes, de deux centres d'action, ou, si l'on veut, de
deux personnes morales juxtaposées dans le même
cerveau, chacune à son œuvre et chacune à une œuvre
différente, l'une sur la scène et l'autre dans la coulisse,
la seconde aussi complète que la première, puisque,
seule et hors des regards de l'autre, elle construit des
idées suivies et aligne des phrases liées auxquelles
l'autre n'a point de part (2). »

Il est permis de se demander, à propos de cette der-

---

(1) Richer, *Études cliniques sur l'hystéro-épilepsie.*
(2) *De l'Intelligence*, 4e édit. Préface p. 16. Voir aussi de curieuses
expériences de M. Dumontpallier, dans la notice intitulée : *Indépendance fonctionnelle de chaque hémisphère cérébral. Illusions,
Hallucinations unilatérales* provoquées chez les hystériques. *Comp-
tes rendus des séances et mémoires de la Société de biologie,* 188?, p.
786. Pour l'exposé complet de la question, voir Ribot, *les Maladies
de la personnalité.*

nière observation, si l'on doit dire que le sujet n'a pas conscience de cet arrière-fonds mental, ou s'il ne s'agit pas plutôt, comme l'admet M. Taine, d'une dissociation complète de systèmes psychiques. En ce cas, chaque système formerait une sorte de moi, et tout en étant conscient pour lui-même n'apparaîtrait pas à la conscience de l'autre. Un de ces systèmes serait pour un moment directement en rapport dynamique avec les organes qui permettent de tracer des caractères, l'autre serait en rapport avec les organes qui nous servent à parler. Il est certainement difficile de prouver directement la réalité de phénomènes psychiques accompagnant le processus nerveux qui aboutit à l'acte d'écrire, mais on peut bien considérer le fait lui-même de l'écriture comme donnant au moins une forte présomption en faveur de la théorie qui admettrait au sens littéral un dédoublement de la conscience. Qu'on se rappelle que la preuve de l'existence d'un fait de conscience n'est jamais une preuve directe, et que chacun de nous n'est assuré que par une induction de l'existence de la conscience chez d'autres que lui, et l'on trouvera, je crois, que, quelle que soit la différence entre les raisons qui font induire que les faits de conscience accompagnent dans le cas précédent le processus physiologique qui aboutit à la parole, et celles qui nous feraient admettre que les faits de conscience accompagnent également le processus physiologique qui aboutit à l'écriture, cette différence n'est cependant pas assez considérable pour nous autoriser à repousser complètement cette dernière hypothèse. D'ailleurs, la solution de la question ne nous importe pas absolument.

Dans la vie normale, il se produit souvent des faits analogues, quoique beaucoup moins nets ; les systèmes d'associations dynamiques qui entrent simultanément en jeu sont bien moins séparés, mais nous trouvons en certains cas comme un reflet du phénomène pathologique ; c'est ce qui se produit, par exemple, quand nous écrivons en pensant à autre chose qu'au sujet qui nous fait écrire, ou en causant à haute voix avec un ami ; il se produit une sorte de dédoublement du moi qui peut être assez marqué. Un phénomène analogue se produit chez le joueur de piano qui doit avec ses deux mains faire des mouvements différents en rapport avec les signes des notes qui ont une signification différente, selon qu'ils figurent sur la portée de la clef de sol ou sur celle de la clef de fa. Il est évident qu'ici l'attention peut se partager jusqu'à un certain point, mais il n'est pas douteux qu'en se partageant elle s'amoindrit. Pour jouer un morceau compliqué sur le piano à première vue, il faut une habitude très longue, et quand l'on parle en écrivant, on risque de se tromper soit dans ce qu'on dit, soit dans ce qu'on écrit, sinon dans les deux à la fois. Il n'en reste pas moins que la conscience peut très bien persister quoique un peu obscurcie, et s'appliquer à la fois aux deux actes.

Pour les phénomènes affectifs, le problème se pose ainsi : l'esprit peut-il éprouver à la fois deux sentiments différents, et l'esprit peut-il les synthétiser dans un même état de conscience ?

La première question est celle qui nous importe le moins. En effet, si deux sentiments se produisaient en nous isolément, sans rapport de l'un à l'autre, nous n'aurions aucune raison de les considérer comme un sentiment composé, et l'étude de tels phénomènes, si curieux qu'ils puissent être en eux-mêmes, ne rentre pas dans le cadre de notre étude actuelle. Mais il serait intéressant, pour embrasser dans sa totalité la série des phénomènes dont l'extrémité ne nous intéresse pas directement, de montrer d'abord les phénomènes affectifs complètement séparés dans l'esprit, puis des phénomènes qui s'associent et s'adaptent facilement l'un à l'autre, d'abord mal, puis mieux, puis bien, pour aboutir à l'harmonie complète, qui, comme l'autre bout de la série, sortirait aussi du plan de notre étude. Il serait toutefois inutile de s'arrêter longtemps sur l'existence des phénomènes affectifs séparés existant dans le même organisme pour deux consciences distinctes. On ne peut rien dire là-dessus ni de certain, ni même de probable.

Nous avons déjà vu plus haut que plusieurs circonstances pouvaient amener la production simultanée de phénomènes affectifs différents. Reprenons une par une toutes ces circonstances et voyons ce qui arrive quand elles viennent à se produire. Il y a dans tout fait de conscience une certaine unité. Cette unité dont nous n'avons pas à rechercher la cause (association dynamique des éléments nerveux) est très visible, et masque facilement la diversité des phénomènes qui composent l'état de conscience. En y regardant bien, cependant, on finit par apercevoir, même avec la seule aide du sens intime, les éléments qui sont réunis en un tout plus ou moins bien coordonné. Ainsi certaines personnes nous font éprouver une impression très complexe, nous éprouvons pour elles quelque sympathie, et même une certaine estime que nous inspirent certains traits de leur caractère, en même temps que nous éprouvons de la répulsion pour certains autres côtés de leur individualité. Selon que la balance penche du côté de la sympathie, ou du côté de l'antipathie, ou encore qu'elle ne paraît pencher sensiblement d'aucun côté, nous disons que la personne nous plaît, ou qu'elle nous déplaît, ou qu'elle nous est indifférente. Mais ce sont là des formules grossières et trop approximatives. En réalité, presque toujours, sinon toujours, dans une personne, certaines qualités nous plaisent, d'autres nous déplaisent, et d'autres peut-être nous plaisent et nous déplaisent à la fois, d'autres enfin nous laissent sensiblement indifférents. Or nous sommes bien obligés de considérer comme un tout unique la réunion de ces qualités qui ne sont jamais, au moins en puissance, séparées les unes des autres. Il en résulte que l'impression que nous éprouvons quand nous pensons à la personne est complexe et quelquefois peu nette. Il arrive en général que selon tel ou tel état d'esprit du moment, c'est telle ou telle disposition à la sympathie ou à l'antipathie qui l'emporte, mais jamais les sentiments écartés ne sont absents tout à fait de la conscience, ou du moins cela est bien rare, et, dans certains cas, ils coexistent visiblement. Nous nous sentons alors à la fois attirés et repoussés. L'état de conscience total est une synthèse imparfaite d'éléments contraires ; la sympathie et l'antipathie coexistent à quelque degré. L'impression générale perd de sa netteté, elle est moins nette que quand les éléments de l'état de conscience s'accordent parfaitement, et à ce qu'il me semble, on éprouve toujours une certaine gêne mentale ; c'est là encore un nouvel élément affectif qui vient s'ajouter aux autres.

On peut citer encore le cas où un événement douloureux cause quelque joie, ou bien un événement heureux quelque chagrin. Le cas n'est pas rare, et c'est un fait reconnu qu'il n'y a pas de joie sans mélange. Ce serait encore une erreur ici que de croire qu'il s'établit une résultante entre la joie et la douleur, et que, par exemple, quand un événement douloureux s'accompagne de quelques circonstances qui produisent sur nous une impression agréable, le plaisir produit se retranche de la douleur primitive et que notre souffrance est diminuée de la quantité de plaisir causée par les nouvelles circonstances. Je ne dis pas qu'il ne se produise jamais d'effet de ce genre, mais il ne s'en produit pas toujours, et jamais, d'ailleurs, les choses ne se passent avec cette rigueur mathématique. Le « sourire qui brille à travers les larmes » répond à un état complexe de la sensibilité, il signifie clairement que l'esprit éprouve à ce moment une émotion complexe composée d'éléments tristes et d'éléments agréables, et certes on ne peut soutenir que, au moment précis où une personne affligée sourit à un petit enfant, le sentiment de tristesse disparaît entièrement de la conscience pour laisser toute la place libre à une émotion gaie qui à son tour disparaîtra brusquement pour laisser de nouveau paraître l'affliction.

Enfin certains états complexes de cette nature sont si fréquents que leurs éléments ont fini par s'adapter l'un à l'autre et par coexister sans trouble dans la conscience. Telle est la mélancolie que l'on a défini « le bonheur d'être triste », tels sont encore les sentiments dont Spencer a parlé en les désignant sous les noms de volupté de la pitié et de volupté de la douleur.

Dans presque tous les faits que nous venons de citer, et sur lesquels nous aurons à revenir pour les expliquer et les analyser, nous trouvons ce caractère commun que le sentiment, le phénomène nous apparaît toujours avec un caractère d'unité bien marqué ; je veux dire par là que les phénomènes affectifs, si variés qu'ils soient, se rapportent au même sujet, c'est-à-dire à un même groupe fortement organisé de perceptions, d'images et de signes intellectuels. Il peut en être autrement, et nous avons vu un cas où le phénomène se produit dans des conditions un peu différentes, en parlant des impulsions affectives. En effet, dans ce cas, la conscience est partiellement occupée par un phénomène affectif qui ne se rapporte nullement à l'objet qui occupe surtout à ce moment la conscience. Cet état se produit par exemple lorsque nous sommes un peu distraits d'une préoccupation par le besoin de manger, ou bien lorsqu'il nous vient à l'esprit, sans cause appréciable, un souvenir gai dans un moment de chagrin, ou une idée triste dans un moment de joie, sans que la cause de l'émotion agréable et celle de l'émotion pénible aient d'autres rapports apparents entre elles que celui de la simultanéité. Il se produit ici encore en quelques cas une combinaison de sentiments, mais cela n'arrive pas toujours. La preuve que la combinaison en est possible, c'est qu'on a pu éprouver la vérité des vers de Dante : *Nessun maggior dolore*... il n'y a pas de douleur plus grande que de se rappeler dans l'adversité le temps du bonheur. Si Musset l'a contredit avec des considérations parfois bizarres, et sans paraître toujours l'avoir bien compris, c'est que le phénomène ne se produisait pas chez lui au moment où il écrivait son *Souvenir*, et, en effet, il ne se produit pas toujours, mais il n'en est pas moins réel chez ceux qui l'éprouvent, et en réalité plusieurs l'ont éprouvé.

D'autres fois, au contraire, les deux phénomènes restent séparés. Ainsi la tendance affective de la faim, qui peut coexister dans l'esprit avec une douleur assez vive, avec un sentiment d'amour, d'ambition, etc., ne se confond pas du tout avec ce sentiment. Les deux phénomènes sont très bien reconnus par la conscience pour être différents et simultanés, et la preuve en est qu'il s'établit parfois dans l'esprit une lutte entre eux, lutte dont on a pleinement conscience. Souvent même, la lutte entre les deux sentiments produit l'éveil d'un troisième phénomène affectif, le regret, la honte, etc.

Les phénomènes qui se produisent dans les cas de partage plus ou moins complet et plus ou moins net de la conscience et de l'attention entre plusieurs faits affectifs sont donc nombreux et variés, une analyse des causes doit nous permettre de les expliquer et de les ramener à leurs lois.

Nous examinerons successivement les trois cas principaux que nous avons énumérés déjà.

D'abord deux excitations diverses venant par exemple du dehors, des organes de la vie végétative, ou s'éveillant dans le cerveau sans cause apparente, peuvent mettre en jeu des tendances appartenant à des systèmes d'associations psychiques différentes et sans presque aucun lien entre elles; pour reprendre un exemple déjà cité,

si nous éprouvons les premières atteintes de la faim ou
de la soif en lisant ou en travaillant, les différentes impulsions que ces tendances éveillent ne peuvent guère
se combiner à aucun degré. Chacune cherche à attirer à
soi les forces psychiques, suivant une loi que nous avons
reconnue, mais, avant que l'une des deux l'emporte, elles
sont présentes réellement toutes les deux à la conscience
pendant un laps de temps plus ou moins long. Il se produit alors un état assez complexe comprenant les deux
tendances, plus un sentiment de rapport entre les deux,
ce qui lui donne souvent une teinte affective, regret, ennui,
trouble, etc. En ce cas, les deux tendances ne paraissent
pas se fondre en un seul phénomène distinct; la conscience, à moins d'être très peu exercée, perçoit très bien
à la fois les deux phénomènes affectifs comme distincts
l'un de l'autre, et l'impossibilité de synthétiser les deux
dans un système harmonique cause l'impression généralement désagréable à quelque degré qui résulte de la
lutte des deux systèmes, ce qui complique encore l'état
primitif. Remarquons en passant, dans la production
de cette troisième émotion, l'arrêt des tendances et le
manque de systématisation qui accompagnent toujours
la production des phénomènes affectifs quel que soit le
degré de complexité des facteurs. Ici, encore, l'émotion
est due comme toujours à une systématisation qui ne
peut s'effectuer.

Mais ce serait une erreur de croire que des phénomènes concomitants et des tendances opposées ne
puissent se manifester à la fois sans entrer en lutte et
sans donner lieu à ces émotions surajoutées. En effet, si
nous constatons dans tout organisme une tendance à la
systématisation que nous sommes bien obligés d'accep-
ter comme fait d'expérience, cette tendance ne se manifeste pas toujours avec la même intensité et de la même
manière. Je veux dire que les phénomènes ne sont pas
toujours et l'on peut même dire qu'ils ne sont jamais

complètement coordonnés et unifiés, quant à la fin. Ainsi nous voyons les caractères les plus opposés persister chez le même individu. Je sais bien que parfois c'est là une forme supérieure de l'organisation qui permet, selon es circonstances, à telle ou telle tendance de se produire, pour le bien de l'individu, mais aussi c'est bien souvent une forme d'un défaut de l'organisation, car il n'est pas toujours juste de dire que cette inharmonie de l'être corresponde à une inharmonie des conditions d'existence. Elle a peut-être été engendrée par elle, mais elle est bien souvent pour l'organisme une cause non d'adaptation plus complète et plus variée, mais de désordre et de décadence.

Pour en revenir à notre cas, il y a certainement un manque d'harmonie quand nous sommes placés entre le désir de continuer un travail et le besoin de réparer nos forces ; mais ce manque d'harmonie peut s'atténuer pour la conscience, on peut s'habituer à travailler avec plaisir en percevant dans la partie obscure de la conscience des tendances affectives ou des signes affectifs qui tendraient à nous détourner de notre occupation. Cela peut tenir à deux causes différentes : ou bien l'occupation principale est assez forte et occupe assez de forces psychiques pour que le phénomène affectif dérivé d'une tendance opposée reste faible et trop faible pour entrer en conflit avec le premier, ou bien l'habitude a imposé à l'esprit la présence simultanée de deux phénomènes qui diffèrent par l'intensité, et aucune des tendances n'a visiblement pour effet d'absorber la force de l'autre ; les deux systèmes restent presque absolument séparés, et n'ont entre eux que des rapports qui leur permettent de se manifester à la fois à la conscience. Ainsi *la séparation des tendances et l'absence de conflit entre elles, voilà la condition pour que deux phénomènes affectifs soient présents à la conscience sans qu'un troisième phénomène affectif se produise. — Au contraire, des tendances appartenant à des systèmes séparés, mais qui entrent en conflit produisent un nouveau phénomène affectif conformément aux lois générales que nous avons énoncées, et ce nouveau phénomène vient se surajouter aux premiers et augmenter encore la complexité de l'état de conscience.*

On peut reconnaître dans les faits que nous avons déjà cités la manifestation de la loi que nous venons de poser. Nous donnerons brièvement un exemple qui rappellera les différentes formes du phénomène produit successivement par un même processus.

Un homme est occupé dans une chambre incendiée à sauver du feu des objets auxquels il tient beaucoup ; tant qu'il peut respirer librement, la tendance organique qui se manifeste par la respiration, et la tendance psycho-organique qui se manifeste par des sentiments d'angoisse, de crainte, de hâte, etc., se manifestent en même temps, et l'une d'elles seulement est représentée par des phénomènes de l'ordre conscient et de l'ordre affectif. A mesure que la difficulté de la respiration commence et s'accroît, elle commence à être perçue par la conscience ; néanmoins les deux tendances persistent sans entrer encore en conflit, les systèmes des phénomènes, qui étaient auparavant sans association dynamique perceptible, commencent, grâce à l'irradiation des effets nerveux (inhibition, dynamogénie, réflexes divers), à entrer en rapport suffisamment pour faire partie à la fois d'un même état de conscience ; enfin, quand la gêne se prononce de plus en plus, l'irradiation, la diffusion des effets nerveux se prononçant toujours davantage, et chaque système appelant à lui une partie trop considérable des forces psychiques, la lutte entre les tendances s'engage avec les sentiments qui l'accompagnent et l'état de conscience se complique de plus en plus jusqu'au moment où l'une des tendances, des associations dynamiques, la moins organisée, est vaincue et ne se manifeste plus, au moins momentanément, avec assez d'intensité pour donner naissance à des phénomènes affectifs.

Le second mode d'apparition des phénomènes affectifs composés produit moins fréquemment des phénomènes mal systématisés et presque sans rapport entre eux .Il engendre cependant assez facilement les phénomènes affectifs de caractères absolument opposés, le plaisir et la douleur, par exemple, et même des sentiments qui semblent contradictoires, l'estime et le mécontentement. Les phénomènes de cet ordre sont, parmi les phénomènes affectifs composés, ceux où l'on remarque le plus d'harmonie entre les éléments opposés et le moins de lutte ; quelquefois même, comme nous aurons occasion de le voir, la lutte devient un élément de l'harmonie.

Un même événement, une même personne peuvent éveiller dans l'esprit des tendances opposées qui sont généralement en rapport l'une avec l'autre puisqu'elles font partie du même système pyschique, et les tendances opposées peuvent s'accompagner de phénomènes affectifs qui naturellement présenteront des caractères contraires. Dans d'autres cas, une tendance arrêtée peut éveiller par association d'autres tendances variées dont la mise en jeu suscitera encore deux groupes variés de phénomènes. Nous avons donc ici deux groupes de circonstances dans lesquels nous voyons une même circonstance, une même excitation éveiller deux tendances différentes, et susciter indirectement deux phénomènes affectifs opposés qui se fondent plus ou moins.

Nous trouvons cependant ici encore des cas où les sentiments différents sont plus ou moins amalgamés ensemble. Tantôt l'état de conscience composé atteint une cohésion et une unité très grandes bien qu'il ait des éléments opposés. Bien plus, quelquefois c'est un de ces éléments opposés qui engendre l'autre, un plaisir engendre une douleur, et une douleur un plaisir, et le plaisir et la douleur s'unifient dans notre conscience en un état presque indécomposable. D'autres fois, c'est une contrariété qui engendre l'estime, etc. Dans les cas où le phénomène composé n'admet pas d'éléments aussi intimement unis, les deux phénomènes affectifs ne sont pas engendrés l'un par l'autre, mais ils se produisent séparément dans la conscience, et sont réunis par une synthèse moins parfaite. Nous commençons, comme tout à l'heure, par le cas où l'accord et la synthèse des phénomènes affectifs de caractères contraires est le plus proche de la perfection.

C'est dans cette classe de phénomènes que rentrent la volupté de la pitié, et la volupté de la douleur, citées plus haut et que nous allons examiner en détail.

« Il y a, dit Spencer, un sentiment agréablement douloureux, dont il est difficile de déterminer la nature, et plus difficile encore de retracer la genèse : je veux parler de ce qu'on appelle quelquefois « la volupté de la douleur ».

« L'interprétation de ce sentiment qui pousse l'homme en proie à la douleur à souhaiter d'être seul avec son chagrin, et fait qu'il résiste à toute distraction, résulte de ce que cet homme fixe son attention sur le contraste qu'il y a entre ce qu'il croit mériter et le traitement qu'il a reçu, soit de ses semblables, soit d'un pouvoir qu'il est enclin à se représenter d'une manière anthropomorphique. S'il croit qu'il mérite beaucoup, tandis qu'il a reçu peu, et surtout si, au lieu d'un bien, c'est un mal qui est survenu, la conscience de ce mal est adoucie par la conscience du bien qu'il croit mériter rendue agréablement dominante par le contraste. Un homme qui regarde son affliction comme imméritée regarde nécessairement son propre mérite, soit comme restant sans récompense, soit comme lui valant un châtiment au lieu d'une récompense : il y a en lui l'idée d'un grand déni, et le sentiment de la supériorité vis-à-vis de ceux qui en sont les auteurs.

« S'il en est ainsi, le sentiment ne devrait pas exister
là où le mal souffert est reconnu par celui qui souffre comme étant mérité. Peu d'hommes, sans doute,
reconnaissent cela, si même il en est qui le reconnaissent, et, parmi ceux-ci, il en est peu de qui nous pourrions obtenir le renseignement désiré. Si cette explication est la vraie, je sens que ce n'est pas évident le
moins du monde. Je la propose simplement à titre
d'essai et j'avoue que cette émotion particulière est telle
que ni l'analyse, ni la synthèse ne me mettent en état de
la comprendre clairement (1). »

L'explication proposée par M. Spencer me paraît
ingénieuse, et je crois qu'elle peut rendre compte de
certains cas particuliers, mais elle n'est pas assez générale pour rendre compte de tous les cas de « volupté de
la douleur ». Ce plaisir que cause par elle-même l'existence d'une certaine douleur peut se manifester aussi
dans le cas où la douleur apparaît comme une juste
conséquence de la conduite. Il y a un certain plaisir à se
soumettre volontairement à un châtiment que l'on sait
mérité, et peut-être n'est-il pas sans volupté pour les
gens très pieux de recevoir certaines afflictions qu'ils
jugent envoyées par Dieu, et qu'ils ne sauraient accuser
d'injustice. Je proposerai tout à l'heure une explication
générale de tous ces faits qui embrassera aussi la
« volupté de la pitié (*luxure of pity*), à propos de laquelle
je citerai encore la description et l'explication de
M. Spencer, explication qui, comme la précédente, est
ingénieuse mais incomplète. « Sous sa forme primitive,
la pitié implique seulement la représentation de la
douleur, sensationnelle ou émotionnelle, éprouvée par
autrui, et sa fonction, en tant qu'elle est ainsi constituée,
semble être simplement de prévenir l'infliction de la
douleur, ou de provoquer les efforts pour l'adoucir

(1) H. Spencer, *Principes de psychologie*, t. II, pp. 619-620.

quand elle a été infligée. Ce processus n'implique rien
qui ressemble à un plaisir ; tout ce que gagne la personne touchée de pitié, en écartant la douleur d'autrui,
est d'écarter de soi-même sa propre douleur. Mais dans
une certaine phase de la pitié, la peine s'accompagne de
plaisir, et la peine agréable ou le plaisir douloureux
continue même, lorsque rien n'a été fait ou ne peut être
fait pour adoucir la souffrance. La contemplation de la
souffrance exerce une sorte de fascination continue, même
quand on est loin de l'être qui souffre et parfois occupe
l'imagination au point d'exclure toute autre pensée. Nous
avons donc à traiter ici d'un désir en apparence de
nature anormale, puisqu'il est douloureux — d'un désir
assez fort pour tenir en échec toute distraction étran-
gère. Comment naît cet [élément agréable dans un tel
sentiment? Pourquoi n'y a-t-il pas dans ce cas comme
dans les autres de la facilité et même de l'impatience à
exclure l'émotion douloureuse? Évidemment, nous avons
ici un mode de conscience que les explications précédentes ont laissé hors d'atteinte. »

Le problème est bien posé, remarquons seulement
que M. Spencer paraît admettre trop facilement une
finalité complète dans l'organisation de l'esprit et être
trop surpris de trouver des faits qui la démentent
Voici la solution proposée :

« Tous les cas où l'on éprouve la volupté de la compassion sont des cas où la personne, objet de pitié, a été
placée par la maladie ou un malheur quelconque, dans
un état qui excite cet amour de la faiblesse. Ainsi, la
conscience douloureuse, fruit de la sympathie, est com-
binée avec la conscience agréable, fruit de l'émotion
tendre. Les nombreuses applications de cette vue théo-
rique en sont une vérification. Bien que le mot : « la
pitié est proche de l'amour », ne soit pas vrai à la lettre,
puisque, dans leur nature intrinsèque, les deux sont
tout à fait dissemblables, cependant les deux sont

associés de telle sorte que la pitié tend à produire l'amour sont une vérité rentrant sous la vérité générale énoncée plus haut. Que l'on trouve du plaisir dans la lecture d'une histoire mélancolique ou le spectacle d'un drame tragique, est aussi un fait qui cesse de paraître étrange. Et nous rencontrons la clef de cette apparente anomalie : que très souvent le bienfaiteur éprouve plus d'affection pour la personne qui a reçu le bienfait que celle-ci n'en éprouve pour son bienfaiteur. »

Le reproche que j'adresserai à l'explication de M. Spencer, c'est de ne pas rendre compte de tous les phénomènes. En effet, il est certaines formes de la volupté de la pitié qu'il n'explique pas; il n'explique pas, par exemple, le plaisir égoïste de la pitié; car ce serait une erreur de croire que la pitié est toujours parfaitement généreuse; en fait, elle peut s'accompagner de plaisirs égoïstes très variés. D'abord, un plaisir d'orgueil dû à un retour presque inconscient sur soi-même, ou bien un simple sentiment de bien-être dû au réveil faible de l'idée qu'on n'est pas soi-même en proie aux malheurs auxquels on compatit, au simple effet du contraste. Le sentiment égoïste de l'homme qui réalise la douce situation chantée par Lucrèce : « *Suave mari æquora ventis magno turbantibus*, etc. », n'est nullement incompatible avec quelque sentiment de pitié, et quelque effroi du danger couru. Et c'est une des raisons multiples qui ont permis à la Rochefoucauld de dire : « Il y a dans le malheur de nos meilleurs amis quelque chose qui ne nous déplaît pas. » Dans ces deux cas, le sentiment composé est moins unifié que dans le cas analogue que nous verrons plus loin. Citons encore le sentiment de « volupté de la pitié » qui se manifeste chez les personnes qui ont un certain plaisir à se sentir bonnes et compatissantes et qui savourent à leur aise la pitié qu'elles éprouvent des maux d'autrui.

Enfin, dans sa forme la plus complète et la plus pure,

7*

le plaisir de la pitié vient, je crois, de la tendance à
secourir celui que l'on plaint, alors que cette tendance
s'accorde avec la plus grande partie de nos idées ou de
nos sentiments. Dans tous ces faits, nous trouvons des
effets multiples produits par une même excitation. C'est
que la tendance qui entre en activité et qui donne lieu à
tant de sentiments divers est complexe et produit des
effets différents selon les tendances qu'elle éveille dans un
esprit très complexe lui-même. Je suppose que je vois
souffrir un malheureux ; d'un côté, la représentation
de ses souffrances tend à s'imposer à moi et à réaliser
en moi une souffrance analogue à la sienne, et en effet,
si la représentation est très forte, si elle empêche l'éveil
d'autres sentiments, je ressentirai simplement de la
souffrance. Mais si la représentation n'est pas tellement
forte qu'elle s'impose absolument à la conscience, l'illu-
sion qui tend à se produire tend aussi à être rectifiée.
En effet, une représentation qui ne suspend pas toute
activité de l'esprit n'est acceptée qu'après avoir été
inconsciemment éprouvée par notre intelligence ; elle
s'accorde ou elle lutte avec nos habitudes d'esprit et nos
tendances organisées. Or, si la représentation du malheur d'autrui se représente à ma conscience sans être
trop violente, elle peut être enrayée jusqu'à un certain
point et rectifiée par un reste de raisonnement inconscient ou presque inconscient. Et alors, nous avons, d'un
côté, une représentation assez forte du mal souffert par
autrui ; d'un autre côté, une représentation très faible et
presque nulle d'une situation différente et relativement
meilleure de notre personnalité. De même, la pitié s'accompagne en général au moins d'une tendance à faire
ce que nous pouvons pour soulager celui que nous
voyons souffrir. Mais cette tendance, si elle s'accorde
avec nos idées sur le devoir de l'homme et nos sentiments personnels, doit causer un certain sentiment
agréable. Nous pouvons d'ailleurs trouver une vérifica-

tion du fait, en remarquant que si la tendance à secourir la personne souffrante est trop fortement enrayée, la pitié devient en général tout à fait douloureuse. Il n'y a rien d'agréable à voir souffrir quelqu'un que l'on aime avec l'idée de ne pouvoir rien faire pour lui; ou du moins ce sentiment, s'il se produisait, serait dû à des causes tout à fait anormales et pathologiques; il serait le signe d'une perversion de l'esprit toute particulière, et s'expliquerait alors par d'autres raisons : pluralité des systèmes psychiques, réveil de tendances ancestrales, etc.

De même, la volupté de la douleur s'explique encore par les associations de la tendance naissante et du sentiment produit avec plusieurs systèmes psychiques. Écartons même tous les cas où la douleur n'est pas agréable par elle-même, mais par les idées accessoires qu'elle réveille, ainsi que cela se produit dans les cas où le plaisir qui accompagne une impression douloureuse est dû à un sentiment d'orgueil. Il arrive parfois que la douleur est agréable à cause de sa qualité propre; une impression est agréable, parce qu'elle est désagréable. Le cas semble paradoxal. Je crois cependant qu'il n'est pas extrêmement rare, et je puis dire personnellement que plusieurs fois une contrariété m'a fait plaisir par l'ennui même qu'elle me causait.

Supposons, en effet, que l'on se soit fait ou bien des idées générales sur la nature de l'homme et du monde, sur la morale et le devoir, sur l'esthétique, etc., ou bien des idées particulières sur soi-même ou sur un tel ensemble particulier de circonstances qui doivent se présenter. Supposons que, si la théorie se vérifie, on doive éprouver dans telles ou telles conditions une impression pénible. Si l'on ne s'est pas trompé, on est à la fois malheureux et satisfait, malheureux, pour le désagrément qui vous arrive, et satisfait, parce que ce désagrément s'accorde avec notre attente et nos sentiments. Souvent même ce n'est pas du tout ce que nous regar-

dons comme la cause objective de notre déplaisir, mais
bien ce déplaisir lui-même, et lui seul, qui nous est agréable. Ce fait qui se manifeste dans la « volupté de la pitié »
peut se produire assez souvent chez les personnes qui
réfléchissent sur leurs sentiments, et par exemple quand
elles jugent que leur impression désagréable est con-
forme aux lois de la morale, de l'esthétique, ou de la
logique, et prouve ainsi la valeur de leur nature. Ainsi,
nous expliquons d'une manière générale ces sentiments
complexes où le plaisir se mêle à la douleur, par ce fait
général que, pour la production de ces phénomènes, il se
produit à la fois une rupture et une consolidation de nos
habitudes mentales ; le phénomène de désorganisation
qui engendre la douleur est entré comme élément dans
le système général, et cette organisation nouvelle produit du plaisir. L'explication concrète varie avec chaque
cas particulier, et selon la nature des tendances mises
en jeu. Celles que M. Spencer a proposées peuvent être
acceptées à ce titre. On pourrait multiplier les exemples ;
par exemple, un homme peut être contrarié et choqué
de la résistance qu'il rencontre chez un subordonné, et
cependant cette résistance peut, en certains cas, lui
inspirer de l'estime et lui être agréable à cet égard. Les
phénomènes de cet ordre ne me paraissent pas très difficiles à expliquer au moyen de la loi générale dont les
applications sont aisées.

Je ne puis songer à passer en revue toutes les émotions
composées de cette nature ; nous rattacherons cependant
aux faits précédents plusieurs formes de plaisir esthétique. Ainsi, la vue d'un drame beau, mais terrible, nous
sera agréable, si les tendances qui naissent en nous sont
enrayées assez tôt pour nous donner seulement l'impression de leur complexité et de leur systématisation ; mais si
nous ne les enrayons pas assez vite, si nous venons à les
prendre au sérieux, nous aurons un mélange de plaisir et
de peine qui peut se transformer en une souffrance réelle.

Peut-être, pour en finir avec cette question des peines agréables et des plaisirs douloureux, car on pourrait aussi examiner ces derniers, faut-il admettre que toute activité modérée de l'esprit, alors même qu'elle est désagréable, est susceptible, dans certains cas, de causer indirectement un certain plaisir.

Il arrive que, en lisant un ouvrage fait d'après des idées entièrement opposées aux nôtres, nous admirons très vivement le talent de l'auteur. Il se produit ici encore une émotion très complexe et pour les mêmes raisons que tout à l'heure. D'un côté, l'auteur flatte notre goût littéraire et notre sens esthétique ; de l'autre, il choque notre raison. Si nous jugeons en artiste, nous serons surtout charmés ; si nous jugeons en philosophe, nous serons choqués. Si nous tâchons de tenir compte de tout à la fois, nous pourrons éprouver à la fois divers sentiments tels que l'admiration ou l'estime d'un côté, et, de l'autre, la désapprobation, le blâme, le dédain ou l'indignation. Il me paraît bien que plusieurs sentiments très différents peuvent se réunir ainsi dans un seul état de conscience sans se fondre entièrement. L'état de conscience, en ce cas, n'est pas d'une netteté parfaite ; on est « troublé », et les divers sentiments alternent souvent l'un avec l'autre, et occupent tour à tour la « tache jaune » de la conscience.

On pourrait multiplier les exemples ; la loi est toujours la même : actions différentes produites par la mise en rapport d'un système psychique avec des systèmes différents. Il y a en nous une grande quantité de ces systèmes, comme les recherches psychologiques et les enseignements de la pathologie l'ont démontré. Un fait en apparence très simple, la représentation d'un mot, est souvent un système d'éléments très divers. Rien d'étonnant si, quand une tendance entre en activité, son action sur ces différents systèmes et ses conflits avec eux et les différents arrêts plus ou moins prononcés qui se produisent alors donnent lieu à des phénomènes affectifs variés et de nature parfois opposée.

Il est assez rare de trouver dans les ouvrages scientifiques des observations et des notations précises de ces phénomènes. Nous en trouverions davantage dans les œuvres littéraires, mais on pourrait en contester la valeur, bien que, à mon avis, un grand nombre de ces descriptions soient certainement empruntées à l'expérience. Dans les autobiographies écrites par des hommes doués du sens de l'observation intérieure, nous trouvons quelques renseignements précieux. Tel est par exemple le récit que fait Jean-Jacques Rousseau des impressions qu'il éprouva après que sa liaison avec Mᵐᵉ de Warens eut changé de caractère. Nous trouvons bien ici toutes les conditions voulues pour la production d'une émotion complexe mal unifiée. Deux systèmes d'habitudes psychiques, sans grand lien entre eux, avaient une certaine importance en ce moment-là dans l'esprit de Rousseau ; l'un était celui qui lui fait dire que « pour l'arracher au péril de sa jeunesse, il était temps de le traiter en homme, » et c'est celui des besoins qui se manifestent et qui se rencontrent avec quelques différences à une certaine époque chez les hommes normalement conformés ; l'autre système d'habitudes était celui qui lui faisait appeler Mᵐᵉ de Warens : Maman, et qui lui faisait dire en parlant de ce nom qu'il rendait à merveille : « la simplicité de nos manières, et surtout la relation de nos cœurs ». « Jamais, dit Rousseau, elle n'imagina de m'épargner les baisers, ni les plus tendres caresses maternelles, et jamais il n'entra dans mon cœur d'en abuser. » Et plus loin : « La longue habitude de vivre ensemble et d'y vivre innocemment, loin d'affaiblir mes sentiments pour elle, les avait renforcés, mais leur avait donné une autre tournure qui les rendait plus affectueux, plus tendres peut-être, mais moins sensuels. A force de l'appeler maman, à force d'user avec elle de la familiarité d'un fils, je m'étais accoutumé à me regarder comme tel. Je crois que voilà la véritable cause du peu d'empressement que j'eus de la posséder quoiqu'elle me fût si chère. » Ainsi les deux systèmes sont assez séparés pour que l'expérience soit curieuse au point de vue spécial auquel nous nous plaçons ici. Evidemment les nouvelles relations de Rousseau avec son amie devaient produire un effet très complexe en agissant sur ces systèmes différents, et donner naissance à des effets opposés et à des émotions contraires. L'idée seule de ces relations, une fois que Mme de Warens eut fait connaître à Rousseau ses intentions, produit un certain trouble et une complexité appréciable de sentiments divers. « Je ne sais, dit Rousseau, comment décrire l'état où je me trouvais, plein d'un certain effroi mêlé d'impatience, redoutant ce que je désirais, jusqu'à chercher quelquefois tout de bon dans ma tête quelque honnête moyen d'éviter d'être heureux. » Enfin, voici les impressions de Rousseau après que Mme de Warens se fut donnée à lui; elles me paraissent confirmer absolument tout ce qui a été dit ci-dessus :

« Le jour plutôt redouté qu'attendu vint enfin. Je promis tout et je ne mentis pas. Mon cœur confirmait ses engagements sans en désirer le prix. Je l'obtins pourtant. Je me vis pour la première fois dans les bras d'une femme et d'une femme que j'adorais. Fus-je heureux? Non, je goûtai le plaisir. Je ne sais quelle invincible tristesse en empoisonnait le charme. J'étais comme si j'avais commis un inceste. Deux ou trois fois, en la prenant avec transport dans mes bras, j'inondai son sein de mes larmes (1). »

1) J.-J. Rousseau, *Confessions*, partie I, l. V.

III

LES FORMES RELATIVEMENT UNIFIÉES DE PHÉNOMÈNES AFFECTIFS COMPLEXES

A mesure que nous examinons les faits de conscience de plus en plus unifiés, leur nature complexe est d'autant moins évidente. Dans les cas de lutte morale violente, par exemple, on ne peut se méprendre sur la nature complexe des sentiments éprouvés ; mais dans le cas où les phénomènes affectifs sont relativement bien systématisés, il devient plus difficile d'apercevoir par la conscience la nature particulière des phénomènes éprouvés. Cependant l'observation, si on la varie suffisamment, peut très bien, avec l'aide de l'induction, décomposer jusqu'à un certain point les phénomènes affectifs et montrer que leur ton particulier, leur timbre propre est dû à la rencontre et à la combinaison d'un certain nombre d'éléments différents. Si j'emploie le mot de timbre en parlant de ce qui fait la nature propre d'un sentiment, c'est que nulle passion, nul sentiment n'est absolument le même chez des individus différents, comme la même note change de nature suivant qu'elle est donnée par un violon, une flûte ou un trombone ; c'est qu'il me paraît y avoir une analogie remarquable entre le phénomène auditif et le phénomène affectif, et cette analogie s'étend, à mon avis, à tous les phénomènes psychiques ; dans un cas comme dans l'autre, il s'agit d'une impression composée que la conscience perçoit en général comme simple, à moins d'être spécialement exercée ; dans les deux cas probablement ce résultat est dû à la systématisation des impressions, car toute combinaison de sons différents ne se fond pas en un son unique, de même que toute combinaison de phénomènes affectifs ne se résout pas en un phénomène affectif unique. Nous avons vu dans le chapitre précédent les combinaisons plus ou moins discordantes de phénomènes affectifs. Nous devons examiner à présent les combinaisons plus concordantes.

Il y a une part considérable à faire, dans la production d'une émotion ou d'un sentiment, à l'état général des organes et de l'esprit par rapport aux excitations venues du dehors. Ces excitations n'ont souvent pour effet que de dégager en nous une certaine quantité de force nerveuse et mentale qui, selon les cas, se dépense dans l'éveil de différentes tendances. C'est un fait bien connu que, selon nos dispositions particulières, les mêmes choses nous font une impression agréable ou pénible et excitent en nous des sentiments très divers : l'amour, l'ambition, l'espoir, la crainte, etc. Ce n'est pas sur ce fait que je veux insister ici, mais sur le fait corrélatif de la teinte spéciale, du ton que donne au sentiment existant déjà dans l'organisme la venue d'une excitation du dehors qui en éveillant de nouvelles tendances suscite de nouveaux éléments émotifs.

Ce cas est visiblement analogue à ceux que nous avons étudiés plus haut; seulement, tout à l'heure nous avons examiné le cas où il y avait lutte entre l'état d'esprit antérieur et les phénomènes que venaient susciter les nouvelles tendances; nous examinons à présent le cas où il n'y a plus lutte mais association.

Le fait de l'association systématique est très marqué dans les passions violentes, dans les sentiments très dominateurs, alors que les forces psychiques sont presque entièrement absorbées par un seul système de tendances. Les impressions qui arrivent à l'esprit par la perception extérieure, les tendances qui tendent à se réveiller ainsi, sont englobées et comprises dans le système général et, par l'immixtion d'un nouvel élément, modifient la résultante psychologique. Le changement est naturellement plus facile à apprécier quand il a une certaine importance.

D'autres fois le cas se présente différemment, mais le résultat est, au point de vue de la psychologie générale des sentiments, absolument analogue. Les tendances éveillées par la perception ou, d'une manière générale, par l'excitation venue du monde extérieur ou des organes, deviennent prépondérantes, mais l'état d'esprit antérieur ne disparaît pas et se combine avec le nouveau sentiment éveillé pour lui donner un timbre particulier. Je crois que les exemples de ces deux ordres de faits se présenteront facilement à l'esprit du lecteur. Si par exemple nous sommes dans une période de confiance en nous et de satisfaction intime, une attaque légère ne nous fait éprouver que du dédain ou de la pitié. Si nous sommes dans une période de méfiance, nous éprouverons de la haine ou du découragement, de l'abattement et un dégoût général pour les choses de cette vie. Si nous avons à la fois de l'orgueil, mais peu de confiance dans l'avenir, ce qui ne s'exclut nullement, nous éprouverons du mépris, de la colère, de l'abattement ou de l'amertume, suivant que les autres circonstances que nous ne pouvons entreprendre d'énumérer se présenteront de telle ou de telle manière. Les circonstances qui viennent mêler la jalousie, ou l'espérance, ou le désespoir à l'amour sont encore de bonnes occasions d'examiner la synthèse des sentiments et de voir comment les diverses tendances éveillées par des causes différentes s'unissent et se combinent pour produire un phénomène marqué d'un caractère d'unité très prononcé. Nous voyons généralement, en effet, qu'un sentiment qui dure un certain temps se modifie généralement beaucoup sous l'influence des circonstances, tout en gardant au fond une certaine ressemblance avec lui-même. Un certain nombre de tendances qui lui donnent naissance persistent en effet pendant toute la durée du sentiment; d'autres se modifient ou cessent, d'autres apparaissent de nouveau sous l'influence des circonstances. Il résulte que cette évolution dont nous n'avons pas à nous occuper en la considérant en elle-même donne naissance à une quantité assez considérable de composés différents. Le phénomène affectif change de caractère à mesure que ses éléments varient; cependant il faut une certaine habitude — pas très longue — de l'observation psychologique pour s'apercevoir du changement et de la complexité du phénomène. On trouve dans une nouvelle de Tolstoï, *Katia*, une intéressante étude de modifications de l'amour.

Il est facile en général de surprendre avec un peu d'habitude la combinaison des sentiments; malheureusement ces phénomènes ont été peu notés, et les exemples particuliers, les faits précis à citer sont assez rares; bien des faits de ce genre abondent dans le roman, dans la poésie et dans toutes les études concrètes sur l'homme. On trouve un bon exemple de sentiments combinés provenant de la rencontre d'un état d'esprit persistant et d'un ensemble de tendances éveillées par la perception extérieure, dans les *Deux cortèges* de Joséphin Soulary. Je pense que mes lecteurs peuvent, si cela les intéresse, en trouver un certain nombre dans leur expérience personnelle.

On peut interpréter sans doute dans ce sens l'observation suivante d'Esquirol et y trouver un phénomène affectif composé, produit par la combinaison d'une manière d'être générale de l'esprit et d'une impression particulière survenant à de certains moments.

« Un général de division, âgé de cinquante et quelques années, avait contracté des rhumatismes pendant la guerre, et fut pris de manie avec fureur à la suite d'une affection morale. Ses dents étaient mauvaises, il en souffrait souvent, il accusait le soleil d'être la cause des maux qu'il éprouvait, et lorsque ses douleurs étaient

trop vives, ce général poussait des cris affreux, adres-
sait des injures au soleil, et le menaçait d'aller l'exter-
miner avec sa brave division. Quelquefois les douleurs
se portaient sur un genou, alors le malade saisissait
avec une main la partie douloureuse, et avec l'autre
main fermée, il frappait à grands coups son genou, en
répétant : « Ah, scélérat, tu ne t'en vas pas! ah
scélérat... » Il croyait avoir un voleur dans ce genou (1). »

Les phénomènes de ce genre peuvent se rapprocher
de ces faits bien connus qui font interpréter toutes les
données de l'expérience dans le sens d'une idée dominante. Dans la psychologie de l'intelligence, et dans la
psychologie de l'affectivité, les phénomènes sont analogues. On sait que bien souvent ce qui dans les impressions venues du monde extérieur ne se rapporte
pas aux préoccupations de l'esprit passe inaperçu pour
l'intelligence. Il se produit une sorte de sélection intellectuelle qui ne laisse parvenir à la conscience que des
idées en harmonie avec le système psychique prédomi-
nant. De même, quand on est sous l'empire d'une passion violente, le mode d'association des phénomènes est
déterminé entièrement ou peu s'en faut par la nature de
cette passion, et toutes les tendances et les phénomènes
éveillés entrent dans le système de la passion dominante.

Mais nous pouvons assister à la création de sentiments
composés sans que des tendances éveillées par une excitation extérieure viennent se combiner avec des tendances qui étaient préalablement en activité dans l'esprit. Une tendance qui s'éveille et qui est assez forte
pour déterminer un sentiment excite toujours, comme
nous l'avons vu, un certain nombre de tendances associées. La multiplicité des phénomènes, qui est un des
caractères de la production de l'émotion, est causée par
l'éveil dû à des causes diverses (acte réflexe, dynamo-

(1) Esquirol. Ouv. cité, I, 209-210.

génie, modification de la circulation, etc.), de certaines tendances mal systématisées entre elles. Il est évident que ces tendances secondaires peuvent, elles aussi, donner naissance à des phénomènes affectifs. Ainsi, un sentiment fort, l'amour, s'accompagne généralement de souvenirs ou d'images qui déterminent à leur tour certains sentiments ou certaines émotions, et ces sentiments et ces émotions viennent se fondre dans le sentiment principal en lui donnant une teinte particulière. Un homme amoureux peut s'imaginer qu'il est aimé ou qu'il ne l'est pas; dans un cas comme dans l'autre, il peut continuer à éprouver de l'amour, et ce sentiment sera bien toujours de l'amour et aura une portée semblable, parce qu'il est dû à l'arrêt de certaines tendances, au trouble de certains systèmes psychiques qui restent les mêmes dans un cas comme dans l'autre, mais dans chaque cas l'amour aura un ton particulier, et ce ton particulier provient de l'éveil d'autres tendances, des phénomènes psychiques qui en résultent, et de la combinaison en un seul état de conscience de tous les éléments psychiques que tendent à produire les différents systèmes mis en activité.

Examinons un peu la complexité de ce cas, nous verrons que les nuances sont innombrables, même pour un seul individu, selon les circonstances et la tournure que prend son imagination par suite d'influences insaisissables.

L'amour s'accompagne en général d'une certaine représentation plus ou moins vague, plus ou moins vive de la personne aimée; cette représentation peut être une image, un signe, une tendance intellectuelle, mais elle persiste généralement sous une forme ou sous une autre. Cette représentation ne reste pas la même; on ne se borne pas généralement à penser à l'objet aimé, on se l'imagine dans telle ou telle circonstance, on le voit agir et on l'entend parler. Les actes, les paroles varient complètement selon qu'on est plus ou moins bien disposé, selon les occupations de la journée, selon les rencontres qu'on a faites, selon les livres qu'on a lus, selon les conversations que l'on a suivies. Alors selon la nature mélancolique, triste, gaie, lascive, sentimentale, tendre, irritée, froide, etc., de l'image qui s'éveille, et selon les rapports de cette image avec d'autres images qui s'éveillent aussi : image de la personne qui rêve éveillée, image d'un rival, d'un individu quelconque, d'un inconnu, de nouvelles émotions se produisent. On voit la prodigieuse quantité de teintes différentes que peut prendre un sentiment, selon qu'il est accompagné de tels ou tels éléments psychiques dus à la naissance de certaines images très variées et à leur combinaison avec d'autres qui peuvent différer aussi.

Il y a des milliers de manières pour un même individu, s'il a l'esprit un peu actif et un peu complexe, d'éprouver un sentiment d'amour ; je n'ai pu en indiquer que quelques-unes, on comprend les autres combinaisons de sentiment que peuvent produire les différentes combinaisons de l'imagination. Cependant le sentiment éprouvé, malgré sa complexité, paraît généralement un, et il serait difficile de prouver directement sa complexité, si l'expérience des variations de circonstances, s'accompagnant de variations successives dans le sentiment, n'était pas aisée à faire ou à observer.

J'ai parlé de l'amour, parce que c'est un sentiment des plus forts et des mieux connus, un de ceux qui mettent le plus souvent l'imagination en activité, mais on pourrait très bien faire la même vérification avec un autre sentiment. Nous serions toujours, je crois, amenés à reconnaître que le sentiment est complexe et qu'il est produit par l'excitation de tendances complexes, et que, selon les rapports et le degré de systématisation de ces tendances, le phénomène affectif total est plus ou moins unifié. L'orgueil, l'ambition, toute passion, tout sentiment un peu fort éveille généralement tout un système de tendances dont la mise en jeu détermine la production de phénomènes affectifs complémentaires, si je puis dire, qui viennent s'ajouter à l'impression principale et se fondre avec elle comme des sons harmoniques se combinent à un son fondamental.

Les phénomènes que nous avons passés en revue dans ce chapitre sont marqués d'un caractère assez net de coordination relative. C'est à ce caractère qu'ils doivent leur apparence plus considérable d'unité. On peut s'en convaincre facilement en observant les variations d'un sentiment ; on observera, je crois, que l'unité du sentiment disparaît et que sa complexité devient plus apparente à la conscience à mesure que les éléments s'harmonisent moins et qu'ils tendent à former plusieurs systèmes séparés, sans coordination qui les relie. Ainsi, nous trouverons la confirmation de notre loi en remarquant comment, lorsqu'un sentiment ou plutôt les tendances qui le produisent créent une tendance ou un ensemble de tendances qui se forment à part et viennent à s'opposer au premier, l'unité subjective du phénomène disparaît en même temps que son unité de coordination. Ainsi, il peut arriver que l'amour produise la jalousie, mais les nouvelles tendances qui s'éveillent en ce cas peuvent s'organiser et former un nouveau système psychique : soupçons, défiance, idées et images variées, actes coordonnés, démarches diverses, espionnage, etc. Alors, les émotions qui naissent à ce sujet ne se fondent plus dans le sentiment primitif ; le sentiment qui existait à l'état d'unité change d'abord, puis se fractionne et n'apparaît plus comme simple, même à la conscience. il y avait d'abord de l'amour, puis de l'amour jaloux, ensuite de l'amour et de la jalousie, quelquefois enfin de la jalousie sans amour ; on voit le jeu des tendances, leur complication et leur dissociation en deux systèmes mal coordonnés, car la jalousie ne s'accorde pas toujours avec l'amour.

IV

ANALYSE GÉNÉRALE. — LA DÉCOMPOSITION DES ÉMOTIONS. — ÉNONCÉ DE LA LOI DES PHÉNOMÈNES AFFECTIFS COMPOSÉS.

Si nous reprenons, au point de vue analytique, les recherches auxquelles ont été consacrés les deux derniers chapitres, nous serons amenés à reconnaître que toute émotion est une émotion composée et que la loi de la composition est celle que nous avons indiquée. Mais nous pourrons, sans doute, découvrir d'autres lois particulières. Il y a certaines raisons *a priori* de croire que tout fait affectif est un fait composé, tout phénomène affectif est dû à une tendance arrêtée et s'accompagne de la mise en éveil d'une grande quantité de tendances secondaires. Or si nous nous rappelons d'un côté que tout phénomène de conscience a des conditions particulières physiologiques très complexes, et que les phénomènes affectifs se distinguent entre tous les phénomènes de conscience par la complexité de leurs conditions et par le nombre considérable de tendances dont l'éveil est nécessaire à leur production, si nous nous rappelons encore que toute tendance est un complexus de phénomènes psycho-physiologiques, nous ne pourrons éviter cette conclusion que tous les phénomènes affectifs, même les plus effacés, ceux que nous avons appelés des signes, sont le résultat d'une combinaison complexe de phénomènes. Mais il reste à déterminer la nature de cette combinaison et le rapport du composé aux éléments.

Nous avons vu des exemples de combinaison de phénomènes où certainement les éléments d'un état de conscience affectif sont eux-mêmes des phénomènes affectifs. De ce nombre sont par exemple la volupté de la pitié et la volupté de la douleur; ici, en effet, les deux impressions différentes de plaisir et de peine coexistent visiblement dans la conscience avec leurs caractères propres. Ce fait se produit assez souvent quand il s'agit d'un phénomène affectif composé d'éléments discordants. Ces éléments discordants, en effet, surtout au début, lorsque leur opposition est le plus éclatante, empêchent l'état de conscience de s'unifier complètement, et, alors même que les éléments composants ne sont plus individuellement visibles dans le composé, ils s'accompagnent d'un trouble de la conscience, d'une sorte d'oscillation produisant une sensation particulière sur laquelle nous reviendrons.

Quand les phénomènes affectifs composants de l'état de conscience total sont assez en harmonie, ils sont individuellement moins perceptibles en général. Cependant on arrive encore à les distinguer dans un grand nombre de cas, par exemple quand ils ont une intensité suffisante. Ainsi, un homme qui désire une distinction, une place importante, peut bien se représenter jusqu'à un certain point ce qui, dans son émotion totale, correspond au pouvoir qu'il aura à exercer, à l'influence sociale que son nom lui donnera, au plaisir enfin de recevoir des appointements considérables, et, si l'on veut, au bien que son poste lui permettra de faire, et aux abus qu'il aura la puissance de redresser. A chacune des tendances dont l'ensemble constitue la représentation de son élévation prochaine, correspond un sentiment ou un signe affectif particulier qui modifie, jusqu'à un certain point, l'ensemble de l'émotion, et peut-être à la considération de l'ensemble s'ajoute une nouvelle émotion, une émotion esthétique, morale, égoïste ou altruiste, résultant de la contemplation de l'ensemble des fonctions pris en lui-même, ou de ses rapports avec les appétits individuels ou les sentiments sociaux du futur fonctionnaire. Nous avons un exemple de ces sentiments composés dont les éléments sont aussi des phénomènes affectifs et sont reconnus comme tels, dans l'autobiographie de Stuart Mill. Stuart Mill raconte quelques-unes des impressions qu'il éprouva après la crise de découragement et d'indifférence qu'il traversa pendant sa jeunesse : « A cette époque j'entendis pour la première fois l'*Oberon* de Weber, et le plaisir extrême que me causèrent ces délicieuses mélodies me fit du bien en me faisant reconnaître qu'il existait une source de plaisirs auxquels j'étais aussi sensible que jamais. Toutefois ce bien fut singulièrement diminué par l'idée que le plaisir de la musique (comme s'il en était de ce plaisir comme de celui que procure une simple mélodie) s'affaiblit par l'habitude, et veut être ravivé par l'intermittence ou continuellement alimenté par des nouveautés. On jugera à la fois de mon état et du ton de mon esprit à cette époque de ma vie, par une de mes préoccupations : j'étais sérieusement tourmenté de l'idée que les combinaisons musicales pourraient s'épuiser... On trouvera peut-être que cette préoccupation qui me causait une véritable angoisse ressemble beaucoup à celle des philosophes de *Laputa*, qui craignaient que le soleil ne vînt à se consumer tout entier. Toutefois, elle naissait des meilleurs penchants de mon caractère, et tenait au seul point intéressant qui se pût trouver dans ma détresse si peu romanesque, et si peu susceptible de me faire honneur (1). »

Voici un autre exemple emprunté à Rousseau qui analyse ainsi les émotions qu'il eut pendant la représentation du *Devin de village* :

« Le plaisir de donner de l'émotion à tant d'aimables personnes m'émut moi-même jusqu'aux larmes, et je ne pus les contenir au premier duo, en remarquant que je n'étais pas le seul à pleurer.... je me livrai pleinement et sans distraction au désir de savourer ma gloire. Je suis

(1) Stuart Mill, *Mes Mémoires*, pp. 133-134, trad. Cazelles, 1885, F. Alcan.

pourtant sûr qu'en ce moment la volupté du sexe y entrait beaucoup plus que la vanité d'auteur ; et, sûrement, s'il n'y eût eu là que des hommes je n'aurais pas été dévoré comme je l'étais sans cesse du désir de recueillir de mes lèvres toutes les délicieuses larmes que je faisais couler (1). »

Ainsi, nous trouvons que les éléments restent distincts dans le phénomène composé, en deux cas bien différents. Tantôt les deux tendances éveillées sont en lutte, tantôt elles sont dans l'état d'association systématique. Examinons ces deux cas : quand les sentiments sont en lutte, et qu'ils apparaissent dans le composé avec leurs caractères propres, c'est que la lutte n'est pas bien vive, et que les tendances à l'acte, ou du moins l'une d'entre elles, sont bien loin encore de se réaliser. Cela suffit pour que les tendances et les phénomènes auxquels elles donnent lieu puissent coexister sans se confondre. Il ne faut pas en effet se représenter la conscience comme une sorte de champ très étroit dans lequel il n'y a place que pour une représentation. Je puis voir à la fois un objet rouge et un objet vert ; ce qui m'est impossible, c'est de voir le même objet à la fois et au même endroit rouge et vert. De même je ne puis aimer et haïr à la fois la même personne pour les mêmes raisons et par rapport aux mêmes qualités, mais je puis à la fois, pour des raisons différentes, et en rapport avec des qualités différentes, éprouver à la fois pour elle de l'éloignement et de la sympathie. Tant qu'il ne faudra pas agir, tant que les deux tendances n'auront pas, pour continuer d'exister, à lutter entre elles soit afin d'aboutir à l'acte, soit afin d'absorber une plus grande quantité de forces psychiques, les deux phénomènes produits pourront coexister, et précisément à cause de ce manque de relations et de cette systématisation très faible, ils resteront distincts.

(1) Rousseau, *Confessions*, partie II. l. VIII.

Mais, de même les éléments resteront distincts en certains cas, s'ils sont assez bien adaptés l'un à l'autre. C'est que, en ce cas, l'un dépend de l'autre ; la tendance qui produit le second a pour cause la tendance qui a produit le premier, les deux tendances subsistent donc simultanément ainsi que les phénomènes auxquels elles donnent naissance ; si maintenant ces tendances donnent naissance à des phénomènes différents, comme par exemple l'amour et la jalousie, ces deux phénomènes peuvent parfaitement continuer à se manifester en même temps. Il n'y a aucune raison de mécanique psychologique pour qu'il en soit autrement. Bien entendu, le contraire peut se produire aussi, si par exemple la jalousie trop forte éteint l'amour ou l'affaiblit ; mais il ne faut pas à présent compliquer les cas.

Nous voyons donc que dans ce premier cas les éléments coexistent et persistent dans l'impression totale et qu'ils se manifestent assez nettement ; l'impression totale n'étant sensiblement ni trouble ni vague, cet état a pour conditions : 1° *la différence des phénomènes produits, et le caractère assez marqué de ces phénomènes ; 2° l'état de systématisation des tendances ou le manque de relations entre elles.* La seconde de ces deux dernières conditions s'accompagnant d'une sorte de partage de la conscience, et la première d'une impression d'unité.

Je n'insiste pas davantage sur ces combinaisons dans lesquelles les éléments subsistent encore visiblement avec tous ou presque tous leurs caractères et dont nous avons déjà vu un assez grand nombre d'exemples. Elles n'offrent d'ailleurs aucune difficulté.

Nous avons une preuve indirecte de la nature complexe des sentiments et du rôle joué par l'association des phénomènes affectifs résultant de l'éveil de diverses tendances, dans quelques-uns des cas où l'on se trompe complètement sur la nature d'un sentiment que l'on éprouve. Cette erreur peut être amenée par différentes causes ; tantôt ce sont des associations intellectuelles qui constituent cette erreur, tantôt elle est causée par des associations affectives. Nous n'insisterons pas ici sur les associations intellectuelles qui sont les conditions de toute erreur ; mais l'erreur portant sur un sentiment n'est pas seulement ou n'est pas toujours due à ce que ce sentiment est mal classé dans l'esprit, c'est-à-dire à ce qu'il s'associe systématiquement à des idées ou à des signes qu'il ne devrait pas normalement éveiller, mais elle est due aussi quelquefois à l'association d'une tendance fondamentale avec des tendances particulières qu'elle ne devrait pas logiquement éveiller et dont la nature nous induit en erreur sur la nature même de la tendance principale. Ici l'association intellectuelle qui constitue l'erreur est secondaire et non primitive, elle est déterminée par le groupement des phénomènes affectifs. Ainsi, souvent on croit accomplir une action par une tendance très élevée, alors que le motif par lequel on est déterminé est d'ordre vulgaire ; la tendance élevée est éveillée secondairement et n'a à peu près aucune force, mais pour des raisons faciles à comprendre elle s'associe plus étroitement aux phénomènes intellectuels, et le ton fondamental est peu aperçu par la conscience. On a, en ce cas, un phénomène affectif complexe, dans lequel un des éléments est principalement aperçu, et l'intelligence, ne tenant pas suffisamment compte des autres, commet une erreur sur la nature du phénomène pris dans son ensemble. Les faits de cette nature sont bien connus, et l'homme est généralement ingénieux pour se faire des qualités avec ses défauts en négligeant une bonne partie des phénomènes éveillés par les tendances qui lui font commettre un acte.

Lorsqu'on voulut présenter Rousseau au roi après la représentation du *Devin de village*, en lui faisant espérer une pension, Rousseau refusa et partit.

Il nous donne ainsi ses raisons : « Ma première idée....

se porta sur un fréquent besoin de sortir qui m'avait
beaucoup fait souffrir le soir même au spectacle, et qui
pouvait me tourmenter le lendemain quand je serais
dans la galerie ou dans les appartements du roi, au
milieu de tous ces grands attendant le passage de Sa
Majesté. Cette infirmité était la principale cause qui me
tenait éloigné de tout cercle et qui m'empêchait d'aller
m'enfermer chez des femmes. L'idée seule de l'état où
ce besoin pouvait me mettre était capable de me le donner au point de m'en trouver mal, à moins d'un esclan-
dre auquel j'aurais préféré la mort. Il n'y a que les gens
qui connaissent cet état qui puissent juger l'effroi d'en
courir le risque. » « Je me figurais ensuite devant le
roi, présenté à Sa Majesté, qui daignait s'arrêter et
m'adresser la parole. C'était là qu'il fallait de la justesse
et de la présence d'esprit pour répondre. Ma maudite
timidité, qui me trouble devant le moindre inconnu,
m'aurait-elle quitté devant le roi de France, ou m'aurait-
elle permis de bien choisir ce qu'il fallait dire?... Que
deviendrais-je en ce moment, et sous les yeux de toute
la cour, s'il allait m'échapper dans mon trouble quelqu'une de mes balourdises ordinaires? Ce danger m'alar-
ma, m'effraya, me fit frémir au point de me résoudre à
tout risque à ne m'y pas exposer. »

« Je perdais, il est vrai, la pension qui m'était offerte
en quelque sorte; mais je m'exemptais aussi du joug
qu'elle allait m'imposer. Adieu la vérité, la liberté, le
courage. Comment oser parler d'indépendance et de
désintéressement? Il ne fallait plus que flatter ou me
taire en recevant cette pension : encore, qui m'assurait
qu'elle serait payée? Que de pas à faire ! Que de gens
à solliciter ! Il m'en coûterait plus de soins et bien plus
désagréables pour la conserver que pour m'en passer,
Je crus donc en y renonçant prendre un parti très conséquent avec mes principes et sacrifier l'apparence à la
réalité. »

On voit combien devaient être complexes les états synthétiques qui précédèrent la résolution de Rousseau. Il paraît bien en voir tous les éléments, mais il me semble que beaucoup, à sa place, et cela est arrivé souvent aussi à Rousseau, se seraient trompés sur leurs impressions et auraient attribué à un noble amour de l'indépendance, non seulement la part d'influence qui lui revenait, mais aussi celle qui était amenée par d'autres préoccupations fort légitimes, mais d'ordre évidemment inférieur. Ce serait le cas aussi, si cela ne sortait pas de mon sujet actuel, de montrer comment des sentiments vulgaires ou même mauvais peuvent devenir la condition de l'existence de sentiments supérieurs et comment les tendances s'engendrent et s'affermissent ou se supplantent.

Il arrive souvent que les phénomènes composants disparaissent presque ou au moins sont difficiles à percevoir. Ici encore, je chercherai, pour faire comprendre et pour expliquer le phénomène qui se produit alors, des analogies dans les lois de la perception, et je m'efforcerai de les justifier. Il n'est pas bien étonnant d'ailleurs que ces analogies existent, tous les faits psychiques étant soumis à des lois générales qui se manifestent d'une manière analogue à travers divers ordres de phénomènes. Il est facile de faire l'expérience suivante à l'aide d'un stéréoscope, ou simplement d'un morceau de carton; on regarde d'un œil un rectangle de papier bleu, de l'autre un rectangle de papier rouge, et l'on tâche de superposer les deux images. On obtient ainsi une image résultante, trouble, oscillante, tantôt plus bleue, tantôt plus rouge, tantôt violette, vague et mal définie. Si, au lieu de papiers colorés, on emploie du papier blanc et du papier noir, il se produit, comme on sait, une sensation de lustre, résultant de l'inégale excitation lumineuse perçue par les deux yeux. Il me semble que, dans les phénomènes affectifs, il se produit ainsi une sorte de composé vague, trouble, mal défini, qui

présente des analogies frappantes avec la sensation du
lustre. Cela se produit principalement quand je pense à
des personnes dont le caractère et l'intelligence me
plaisent par certains côtés et me déplaisent par d'autres.
Le phénomène est surtout marqué, bien entendu, quand
je pense à la personne prise dans son ensemble ; quand
je ne pense exclusivement qu'à telle ou telle de ses
qualités, mon impression devient beaucoup plus nette,
elle se trouble cependant un peu si mon attention n'est
pas très forte, à cause des associations qui ne peuvent
être complètement repoussées. Mais quand je suis placé
dans les meilleures conditions pour observer le phénomène, mon impression oscille ; tantôt c'est un sentiment qui l'emporte, ou l'autre, ou il se forme une
composante ; les deux impressions opposées s'annulent
réciproquement. Le plus souvent, le phénomène ne se
différencie pas suffisamment, les éléments restent dans
la pénombre de la conscience, à moins que l'attention
ne les évoque, et le composé ne donne qu'une impression trouble et sans netteté. Les divers systèmes psychiques qui sont entrés en activité ne peuvent ni se
coordonner, ni se supplanter, l'un d'eux l'emporte une
seconde et s'impose à la conscience, mais un revirement
se produit bientôt. Le phénomène s'accentue peut-être et
se manifeste avec plus de netteté, si nous avons à
accomplir une action qui intéresse la personne dont le
caractère nous cause ces diverses impressions ; si, par
exemple, nous avons l'occasion de lui rendre un service,
et que nous ayons un moyen honnête de nous en dispenser. L'oscillation des phénomènes se manifestera par
l'oscillation de la volonté et le caractère contradictoire
des velléités qui se manifesteront. Encore si nous nous
décidons à prendre un parti, et si nous rendons ou
refusons le service, c'est-à-dire si l'un des deux systèmes
psychiques se complète par la mise en jeu des muscles
appropriés, l'autre système ne cesse pas absolument

d'être en activité et se manifestera affectivement par
du mécontentement et des regrets.

Il est très difficile de décrire avec précision cet état
particulier de trouble que je n'ose appeler le *lustre
affectif*, et qui pourtant ressemble par bien des points
à la perception synthétique qui résulte de la perception
simultanée du blanc et du noir ou de deux couleurs
différentes, en même temps, d'ailleurs, qu'elle en diffère
par bien des points; cependant je pense en avoir dit
assez pour que mes lecteurs se souviennent de l'avoir
éprouvée et la reconnaissent.

Quelles sont les conditions de ce phénomène? Elles se
ramènent, il me semble, pour ce qu'elles ont de particulier et abstraction faite, bien entendu, des conditions
générales des faits affectifs, *à la mise en jeu simultanée
ou presque simultanée* (1) *de systèmes qui tendent à des
actes opposés ou différents et ne peuvent aboutir tous
les deux à la fois à ces actes, à condition que ces systèmes psychiques soient mis en jeu avec des intensités
qui n'offrent pas une trop grande différence, et que leur
opposition commence au moins à se manifester.*

En effet, nous pouvons ainsi voir les différences entre
ce cas et le précédent. L'esprit étant un complexus de
systèmes psychiques, plusieurs de ces systèmes peuvent
être en activité sans qu'il se manifeste d'opposition
entre eux, s'ils déterminent des actes différents, mais
qui peuvent s'exécuter à la fois, et si chacun d'eux
n'absorbe pas une part trop considérable de l'énergie

(1) Une simultanéité absolue des manifestations psychiques bien
nettes des systèmes opposés de tendances n'est pas absolument
nécessaire, parce que, dans tous les cas que nous avons vus, lorsque
les phénomènes psychiques se succèdent rapidement sans coexister
tout à fait d'une manière apparente, l'activité psycho-physiologique
qui les a produits ne cesse pas absolument et se manifeste par des
phénomènes moins apparents, des signes affectifs et intellectuels
qui suffisent à donner au nouveau phénomène produit par la mise
en jeu du système opposé, un caractère particulier de complexité.

psychique. Ces systèmes peuvent fonctionner même ou
commencer à fonctionner avec assez d'activité et un
trouble suffisant pour donner naissance à des états de
conscience et même à des phénomènes affectifs. Nous
en avons vu des exemples. Mais si ces systèmes tendent
chacun à se compléter par des actes différents et qui ne
peuvent être exécutés à la fois, il s'ensuit un composé
plus unifié, c'est-à-dire où les éléments sont moins
apparents, mais moins net et plus trouble, surtout si
ces systèmes psychiques opposés sont reliés tous les
deux et mis en activité par les mêmes impressions
extérieures ou par les mêmes images. Si l'on veut d'autres
analogies tirées des faits de la perception, on en trouvera
dans la discordance des sons et singulièrement dans
leurs battements.

Mais, dans certains cas, les éléments du phénomène
affectif deviennent encore bien moins visibles. On sait
que, dans un orchestre, une oreille inexpérimentée ne
distingue nullement la partie jouée par chaque instru-
ment, et ignore même quels sont les instruments qui
concourent au son total. Cela n'empêche pas l'impression d'ensemble, quelque simple qu'elle paraisse à la
conscience, d'être composée d'impressions particulières,
et de varier à mesure que varient les impressions particulières qui ne sont cependant pas perçues en elles-
mêmes. Dans un accord même il est difficile ou impossible à bien des personnes de distinguer les éléments de
l'effet total, cependant ces éléments sont perçus par la
conscience, et leurs moindres variations produisent une
impression très nette; un accord n'en apparaît pas
moins comme un son simple. D'ailleurs, un son musical
est généralement un accord dont les éléments ne sont
pas perçus comme tels, et cependant se manifestent
nettement à la conscience puisque le changement de
ces éléments se manifeste par un changement du
timbre du son. De même, nous trouvons des phénomènes

affectifs qui sont composés d'éléments affectifs aussi, mais imperceptibles et que la conscience ne reconnaît pas comme tels.

Nous trouvons ici une question grave que nous ne devons pas éluder; il est possible de se demander si une pareille décomposition des sensations ou des sentiments en des éléments psychiques est une opération bien légitime, et si même elle offre un sens acceptable. Je tâcherai de poser l'objection dans toute sa force : Quand nous entendons un son, ou quand nous ressentons un sentiment, l'état de conscience total est la synthèse de plusieurs perceptions ou de plusieurs phénomènes affectifs. Mais l'observation directe par la conscience ne révèle rien de semblable. J'ai conscience d'un son unique ou d'un sentiment unique qui ne m'apparaissent pas comme composés; or des sensations, si élémentaires qu'elles soient, des phénomènes psychiques, si rudimentaires qu'on les suppose ne paraissent pouvoir exister qu'en tant qu'ils sont présents à la conscience. Si cependant la sensation ou le sentiment sont, malgré les apparences, composés d'éléments physiques, sensationnels ou émotionnels, ces sensations et ces émotions ne sont pas perçues par la conscience, ce qui paraît contradictoire. Une émotion, une sensation peuvent-elles avoir une existence possible si elles ne sont perçues comme telles par la conscience ?

Il suffira, je crois, pour lever la difficulté, de faire voir qu'elle repose simplement sur une équivoque. Le mot conscience a malheureusement beaucoup de sens dans notre langue. Sans parler de la confusion de la conscience psychologique et de la conscience morale, et en restant dans le domaine de la première, le mot conscience désigne parfois simplement la qualité générale la plus abstraite des phénomènes subjectifs; d'autres fois, il a à peu près le sens de connaissance. Ainsi, on appellera tendance inconsciente celle qui ne s'accompagne pas

d'une idée nette de son but, alors même qu'elle se manifeste par des émotions, comme par exemple la tendance
sexuelle, quand elle commence à se manifester chez des
sujets qui en ignorent la nature. Cependant il peut y
avoir là un abus de mots, si l'on ne prend pas garde à
la double signification possible du mot, et une cause
d'erreurs. On peut très bien soutenir aussi que de telles
tendances sont parfaitement conscientes, bien que non
reconnues et non classées. Et l'on voit que le risque de
passer d'un sens à l'autre dans un raisonnement entraîne
fatalement un risque d'aboutir à des erreurs et à des
contradictions.

En fait, je crois qu'on doit dire que dans un son composé, une note de piano, nous avons conscience de tous
les sons composants en tant que sons ; seulement,
les phénomènes intellectuels qui accompagnent générale-
lement la sensation du son et qui servent à son classement n'accompagnent pas cette fois la sensation de
chaque son, mais bien seulement la sensation de l'ensemble. En effet, une perception est, comme on le sait,
un phénomène très complexe, un mélange d'activité
intellectuelle et d'activité sensorielle ; chaque sensation,
en arrivant au cerveau, est reconnue, interprétée, clas-
sée, et c'est avec ces diverses modifications qu'elle
est perçue par nous. Dans le cas de la perception
composée, ce qui est classé et interprété ce n'est pas
chaque sensation en détail, c'est l'ensemble qu'elles
forment. Les sensations élémentaires sont privées de
leurs associations intellectuelles, et, par conséquent,
elles ne sont pas reconnues, nous ne dirons pas par la
conscience qui constate et ne reconnaît pas, mais par
l'intelligence. Elles n'en existent pas moins comme
éléments psychiques, puisque la conscience constate le
changement apporté à chacune d'elles, et que, prises
isolément, elles donnent lieu à des états de conscience
très nets. Elles existent donc comme faits de conscience

sans exister comme faits intellectuels. On peut d'ailleurs arriver à leur donner aussi cette seconde qualité. Sans doute, on change ainsi le phénomène, et l'élément psychique n'est plus ce qu'il était auparavant, mais cette différence ne porte nullement, comme l'expérience, il me semble, permet de s'en rendre compte, sur le caractère psychique du phénomène, mais bien sur le caractère que lui donne son classement complet. On peut faire cette expérience en apprenant à distinguer les sons harmoniques qui composent un son fondamental. Celui que pour ma part je puis détacher le mieux de l'ensemble est la quinte de l'octave. Cette perception plus nette ne me paraît pas modifier sensiblement le caractère subjectif du son, il y a seulement plus de netteté dans la perception de l'élément qui occupe principalement mon attention. De même, reconnaître un accord parfait et y distinguer les trois notes qui le composent ne change pas grand'chose à l'effet total ; il n'y a pas de sensation nouvelle, mais simplement une reconnaissance et une distinction de ces sensations ; ces sensations existaient donc bien comme phénomènes de conscience sans être connues et classées rigoureusement ; je ne veux pas dire qu'elles ne le fussent point du tout ; tout fait psychique, à raison de la systématisation de nos organes et des associations établies, paraît bien devoir être plus ou moins classé et systématisé, mais on comprend que ce classement puisse être plus ou moins défini et compliqué, et que les associations d'un fait avec l'ensemble de tendances qui constituent le moi puissent être plus ou moins nombreuses et plus ou moins organisées.

De même, dans les sentiments complexes, nous trouvons, à mon avis, des éléments psychiques qui ne sont pas reconnus et qui cependant sont aussi des éléments affectifs. Nous avons, pour admettre cela, les mêmes raisons que nous avons eues pour admettre que des sensations peuvent se combiner en une perception com-

plexe d'apparence une sans cesser pour cela d'exister
en elles-mêmes comme des phénomènes de conscience.

Ce sera surtout dans les états affectifs suffisamment
unifiés que nous pourrons constater le phénomène de
la complexité harmonique. Il faut aussi pour cela,
comme nous avons vu, que ces éléments psychiques ne
s'emparent pas de l'attention, soit par leur intensité,
soit par un caractère particulier quelconque. Nous
savons, en effet, que, pour qu'un composé psychique
paraisse simple, il faut que les éléments dont il se
compose ne soient pas fortement associés par eux-
mêmes aux autres phénomènes et aux autres tendances ;
ils doivent, en un mot, être plus fortement associés
entre eux qu'ils ne sont associés avec d'autres faits,
et il faut que l'ensemble seul ait une importance prépondérante dans le mécanisme psychologique. Nous re-
connaissons là cette dissociation et cette recomposition
des phénomènes, signalées dans l'exposition des principes de psychologie générale mis en tête de ce volume.
Le fait composant perd toutes ses associations psychiques, pour ne garder que celles qui le rattachent aux
autres éléments du même système.

Lorsque nous regardons un monument à quelque
distance, de façon à en voir l'ensemble, sans que toutefois la distance soit trop considérable pour que les
détails nous échappent, ces détails, nous les voyons
bien, et les perceptions que nous en avons existent bien
en nous comme faits de conscience, mais nous pouvons
très bien ne pas les remarquer et porter notre attention
sur l'ensemble, et cependant cette perception de l'ensemble ne va pas sans la conscience — je ne dis pas la
connaissance — des détails. En ce moment, les détails
ne sont réunis par aucune association à nos tendances,
à nos émotions, à nos idées ; ils sont associés seulement
pour former l'ensemble, et c'est cet ensemble, comme
ensemble, qui est l'objet de nos réflexions ou de nos

sentiments. Toutefois, nous pouvons, tout en conservant la conscience de l'ensemble, remarquer plus particulièrement un détail, c'est-à-dire l'associer plus fortement et d'une manière plus définie aux autres phénomènes du moi. Nous voyons que la conception de l'ensemble reste sensiblement la même.

En passant aux faits affectifs, nous pouvons remarquer des faits analogues. Mais une des circonstances qui empêchent souvent de distinguer avec netteté les éléments composants, c'est que, parmi ces éléments, il s'en trouve qui, par leur nature même, sont difficilement aperçus avec netteté, des impulsions affectives, par exemple, et des signes affectifs. Il résulte de là que les phénomènes affectifs d'un ordre élevé sont difficilement décomposables en leurs éléments affectifs. Ces éléments affectifs sont éveillés par l'arrêt de tendances dont quelquefois l'existence ne nous est révélée à ce moment-là que par les phénomènes affectifs dont elles produisent l'apparition; il est donc très délicat d'analyser en détail les éléments du phénomène, même en faisant abstraction de la difficulté que présente la décomposition d'un fait que nous sommes habitués à regarder dans son ensemble et nullement dans ses éléments composants.

Cependant une analyse incomplète n'est pas impossible, même pour les sentiments supérieurs. Dans l'amitié ou l'estime que nous éprouvons à un tel moment pour une telle personne, nous pouvons bien distinguer comme éléments particuliers l'impression qu'a produite en nous tel ou tel acte de cette personne ou bien la lecture d'un de ses ouvrages. Dans l'admiration que nous éprouvons pour le génie d'un écrivain, nous pouvons bien distinguer l'impression particulière que nous a fait éprouver telle ou telle page de ses œuvres, ou telle ou telle qualité de son imagination, de son intelligence ou de son style. Dans l'amour, on peut remarquer en général l'impression produite par quelques qualités

particulières de la personne aimée, ou par quelque
événement particulier où elle a joué un rôle. On peut
ainsi remarquer la place que tient dans le phénomène
total l'éveil de telle ou telle tendance particulière.

Un bon moyen pour analyser le sentiment, c'est de
remarquer que les images et les idées même abstraites
qui l'accompagnent ont toutes une teinte affective assez
marquée et que cette teinte affective accompagne même
des idées qui ne sont représentées à la conscience que
par des signes abstraits très vagues. Ainsi, si je cherche
à faire revivre en moi l'impression de telle ou telle
promenade aux champs, par exemple, je vois s'éveiller
en moi des images vagues, abstraites, sans couleur ; en
même temps un certain ensemble de phénomènes affectifs
en connexion avec ces images se produit et s'harmonise.
Ainsi, quoique la conscience ne soit guère occupée
souvent que d'une image, les autres images et les idées
associées se manifestent encore par des signes abstraits
accompagnés de phénomènes affectifs qui peuvent être
plus ou moins forts. Nous pouvons, je crois, voir un
exemple d'analyse et de décomposition du sentiment
dans les passages suivants de la deuxième des lettres
d'Héloïse à Abélard. Malheureusement, les phénomènes
psychologiques ne sont jamais décrits assez minutieuse-
ment, avec une précision suffisante, pour nous faire
voir et constater directement les faits ; nous en sommes
réduits à interpréter, à reconstituer l'état psychologique,
à le deviner dans une certaine mesure ; je crois cependant ne pas me tromper en voyant dans les lignes qui
suivent des indices de phénomènes tels que ceux que
j'ai indiqués, une passion où l'on retrouve des éléments
affectifs particuliers qui concourent à l'effet d'ensemble,
et qui sont associés à des images ou à des signes intellectuels ; « .... hæc quidem amaritudo veræ pœnitentiæ
quam rara sit beatus diligenter attendens Ambrosius:
Facilius, inquit, inveni qui innocentiam servaverunt

quam qui pœnitentiam egerunt. In tantum vero illæ quas pariter exercuimus, amantium voluptates dulces mihi fuerunt ut nec displicere mihi, nec vix a memoria labi possint. Quocumque loco me vertam semper se oculis meis cum suis ingerunt desideriis. Nec etiam dormienti suis illusionibus parcunt. Inter ipsa Missarum solemnia, ubi purior esse debet oratio, obscœna earum voluptatum fantasmata ita sibi penitus miserrimam captivant animam, ut turpitudinibus illis magis quam orationibus vacem. Quæ cum ingemiscere debeam de commissis, suspiro potius de amissis. Nec solum quæ egimus, sed ea pariter et tempora in quibus hæc egimus, ita tecum nostro infixa sunt animo, ut in ipsis omnia tecum agam, nec dormiens etiam ab his quiescam. Nonnunquam et ipso motu corporis animi mei cogitationes deprehenduntur, nec a verbis temperans improvisis (1). » D'une manière générale, le côté purement sensuel et le côté plutôt sentimental et pour ainsi dire le sentiment intellectuel se laissent assez facilement reconnaître dans un sentiment d'amour et dans une passion.

C'est encore par le changement que les sentiments subissent, lorsque ce changement n'échappe pas à celui qui les éprouve, que les sentiments révèlent le mieux leur caractère complexe. Ainsi l'on sent exciter ou diminuer son estime pour un auteur après la lecture d'un nouvel ouvrage de lui. L'élément psychique, suscité par cette dernière circonstance, vient se réunir aux autres et s'amalgamer avec eux, mais il est possible de le discerner dans cette combinaison.

Cependant, l'analyse complète d'un sentiment demeure toujours à peu près impossible à cause de ce que nous avons dit. Les éléments sont trop difficiles à dégager, et ce qui nous empêche d'ailleurs de nous étendre davantage sur ce sujet, c'est que les éléments qui con-

---

(1) *Magistri Petri Abelardi et Heloissæ epistolæ*, p. 59.

courent à former un phénomène affectif composé ne
sont pas tous eux-mêmes des phénomènes d'ordre
affectif, et que nous aurons à revenir sur ce point à
propos de cette nouvelle forme de synthèse. Dans les
phénomènes affectifs où les éléments sont moins complexes, il est plus facile de démêler les parties élémentaires dont la systématisation forme l'impression totale.
Dans le plaisir de la sensation affective que nous donne,
par exemple, un mets complexe, il est difficile encore
de déterminer le plaisir particulier déterminé par la
perception de chaque élément. Cependant cela se peut
quelquefois ; le plaisir que donne le parfum de la truffe,
par exemple, est un fait facilement reconnaissable, et
d'un autre côté, on peut, en retranchant certains
éléments du mets, modifier l'ensemble de façon à ce que
nous ayons une connaissance très nette de l'élément
qui manque ; le défaut de sel, par exemple, se fait
remarquer facilement. On pourrait, je crois, multiplier
les exemples de cette nature.

Toutefois, quand nous avons décomposé un sentiment
en ses éléments constituants, nous n'avons pas expliqué
ce sentiment. Alors même que l'analyse la plus minu-
tieuse nous aurait révélé tous les éléments psychiques
d'une émotion, d'une passion ou de tout autre phénomène complexe, nous ne trouverions pas dans les
éléments tout le composé, pour cette raison bien simple
qu'il est une partie du composé que nous ne retrouvons
pas dans ses éléments concrets, je veux parler de la
composition elle-même et du rapport des éléments
entre eux. L'impression que nous fait éprouver un
monument n'est pas la somme des impressions que
nous feraient éprouver la somme des pierres qui l'ont
construit. Si l'on mangeait les uns après les autres tous
les éléments qui entrent dans un mets excellent, on
serait loin d'éprouver toujours une impression agréable ;
de même, l'admiration que nous éprouvons pour une

PRODUCTION DES PHÉNOMÈNES COMPOSÉS

belle statue n'est pas égale à l'admiration que nous
éprouvons pour la tête, plus l'admiration que nous
éprouvons pour les bras, plus l'admiration que nous
éprouvons pour le torse, etc. En un mot, il y a dans
tout composé qui n'est pas une simple juxtaposition de
parties hétérogènes (et encore cela serait vrai, même
en ce cas) quelque chose qui ne se retrouve point dans
les composants. Un sentiment systématisé n'est pas une
somme de sentiments, mais un sentiment à la fois un et
complexe enveloppant et reliant entre eux des sentiments secondaires.

Il est des cas où cette distinction entre l'ensemble et
les éléments est très marquée, c'est quand le rapport
entre les composants fait naître un composé marqué
d'une teinte affective qui n'appartient pas aux éléments.
Nous en avons vu plusieurs exemples en parlant des
émotions mal systématisées, telle est par exemple l'impression de trouble et de lutte qui accompagne la production simultanée de deux émotions contraires. Dans
ce cas, les éléments subsistent bien, mais leurs rapports
se manifestent par un phénomène visible et parfaitement
séparable par l'analyse de l'un et de l'autre composant.
Alors même que le résultat des rapports n'est pas aussi
parfaitement observable, toutes les analogies plaident
en faveur de son existence; l'existence même de la réunion des éléments en un même état de conscience indique
des relations entre eux, et que ces relations entrent aussi
comme éléments dans la composition totale du phénomène, l'expérience et l'induction ne permettent pas d'en
douter. Nous voyons, par conséquent, que la décomposition des phénomènes affectifs, et j'ajouterai de tous les
phénomènes complexes, est parfaitement légitime, et
conduit à des résultats; que, cependant, on ne peut trouver dans les éléments isolés tout ce qui se trouve dans
l'ensemble, et qu'il faut pour expliquer cet ensemble
tenir grand compte des rapports des composants.

C'est seulement d'ailleurs par les rapports des composants que l'on peut expliquer l'analyse dans le cas où les éléments ne sont pas des phénomènes de même ordre que le composé. Nous avons vu les conditions d'apparition des phénomènes affectifs, nous avons vu que ces conditions, éveil et arrêt des tendances, multiplicité des phénomènes, incoordination relative, apparition brusque etc., sont très complexes, et que, selon que l'une d'elles varie d'intensité ou vient à faire défaut, la nature du phénomène affectif est changée. Nous avons affaire ici à une résultante d'ordre différent des phénomènes qui l'ont produite, et c'est à propos de faits de ce genre qu'on a comparé les combinaisons psychiques aux combinaisons chimiques, où le corps composé diffère notablement de ses composants. Le cas n'est pas cependant, pour le le fait que nous examinons, absolument identique ; en effet, quand une émotion se produit dans les conditions que nous avons indiquées, les phénomènes qui sont les conditions de cette production ne disparaissent pas, l'émotion ne les absorbe pas, elle émerge d'eux pour ainsi dire ; elle résulte des rapports des phénomènes ainsi produits avec la nature et les habitudes générales de l'organisme. L'hypothèse la plus probable qu'on puisse faire sur sa formation et sa nature, c'est qu'elle est le corrélatif général de tous les phénomènes particuliers qui se produisent alors, et des relations de ces phénomènes avec les tendances persistantes de l'esprit, tandis que chacun de ces phénomènes, ou du moins plusieurs d'entre eux, ont en même temps leur corrélatif psychique particulier. Ainsi, quand nous éprouvons un sentiment assez fort, nous sentons bien battre notre cœur, et notre respiration se précipiter ou se ralentir et tous les autres phénomènes de détail qui se produisent alors, images, idées etc.; nous en avons bien conscience sinon connaissance nette et réfléchie, mais l'émotion n'est aucun de ces détails et elle n'est pas leur somme, elle paraît être

l'impression psychique des rapports de tous les phénomènes particuliers entre eux et avec les tendances organisées qui en ressentent plus ou moins le contre-coup. L'é-
motion, le sentiment, tout phénomène affectif en général
serait ainsi une sorte de synthèse psychologique d'éléments variés appartenant eux-mêmes à la classe des
phénomènes affectifs ou appartenant à d'autres classes
de phénomènes. ·

La raison que nous avons de considérer ainsi l'émotion
est que nous voyons l'émotion se comporter vis-à-vis des
conditions diverses que nous avons énumérées comme
une résultante se comporte vis-à-vis des phénomènes
qui se produisent ; variant avec eux, paraissant, dispa-
raissant, augmentant ou diminuant d'intensité dans des
conditions appréciables, à mesure que ses facteurs
varient, paraissent, disparaissent, augmentent ou diminuent (1). J'ai tâché d'en donner des preuves dans toute
la première partie de cette étude, au moyen de l'observation, de l'analyse et de la synthèse des phénomènes.
Il ne parait pas d'ailleurs y avoir rien de particulièrement
mystérieux dans le fait que des éléments de nature
quelconque soient la condition d'un fait qui diffère
d'eux par nature. Cette préoccupation de retrouver dans
la cause les qualités de l'effet, que l'on peut voir encore
présenter quelquefois comme une règle de logique, ne
repose que sur un sophisme sans solidité dont on voudrait faire un axiome. Que « tout ce qui se trouve dans
un effet doit se retrouver dans la cause », je ne
vois aucune bonne raison de l'admettre. En effet, cela ne
peut s'appuyer que sur une conception métaphysique de

(1) Je dois reconnaître cependant que cette raison n'est pas suffisante pour faire adopter l'hypothèse que je propose. On peut en
faire d'autres aussi probables, supposer par exemple que le phénomène affectif n'est pas le corrélatif psychologique des nombreux
phénomènes physiologiques qui se produisent alors, mais seulement
d'un des phénomènes physiologiques qui serait le résultat des autres.
Le mieux est à mon sens de réserver la question.

la cause, et encore pourrait-on soutenir que la théorie métaphysique de la cause n'implique nullement la vérité de l'axiome traditionnel. Mais à qui admet que la cause est un ensemble de conditions et qu'il n'y a à chercher que des phénomènes et des rapports de phénomènes, je demanderai pourquoi nous devons retrouver dans un phénomène les qualités que nous trouvons dans les phénomènes auxquels il est joint par une loi ? Il n'y en a aucune bonne raison, et l'axiome n'a pu s'établir que par des analogies superficielles.

L'étude de la composition et de la décomposition des sentiments nous a amenés à admettre que les rapports des diverses tendances de l'esprit et des divers systèmes pyschiques étaient la cause des faits particuliers qui donnaient un caractère complexe au phénomène affectif. Nous avons vu, en effet, que l'éveil de diverses idées, de diverses tendances, que tout ce qui venait, en un mot, modifier les circonstances de la production d'un sentiment, modifiait aussi le sentiment lui-même; le composé change comme les éléments. Mais, chez des personnes différentes, ou chez la même personne à des moments différents, les associations entre phénomènes psychiques s'effectuent de manières très variées, tout diffère quelque peu, la nature physique et la nature psychique, les habitudes des organes de la vie végétative, et les habitudes des organes de la vie mentale. Les systèmes psychiques sont différents, ils sont différemment combinés. Aussi, quand une tendance à peu près analogue vient à s'éveiller sous des influences analogues ou semblables, le cortège des phénomènes concomitants diffère beaucoup d'une personne à l'autre ou pour la même personne d'un moment à un autre, quoique les différences soient généralement moins sensibles en ce dernier cas, à moins que les moments ne soient trop éloignés. Aussi, les sentiments, les émotions, tous les phénomènes affectifs diffèrent profondément d'une personne à l'autre.

Chaque émotion, chaque passion porte la marque de la personnalité au sein de laquelle elle se manifeste. Elle réagit ensuite sur cette personnalité, mais elle ne peut la modifier qu'en s'imposant à elle, c'est-à-dire par la naissance d'un complexus de phénomènes qui est précisément le concomitant physiologique du phénomène affectif. Non pas que tout phénomène affectif intéresse la personnalité tout entière, mais il en intéresse au moins certains systèmes psychiques qui ne sont jamais les mêmes. Il n'y a pas deux émotions semblables ; l'amour, chez Stuart Mill, n'est pas le même que l'amour chez Casanova. De même, le même homme n'est généralement pas amoureux ou ambitieux, ou orgueilleux à quarante ans, exactement de la même manière qu'il l'a été à dix-huit ans. Ce sont là des faits bien connus et sur lesquels je n'ai pas à insister. On peut rattacher souvent ces manières d'être du sentiment à des causes générales, le sexe en est une ; si l'on considère par exemple la passion de l'amour sensuel chez les nymphomanes et chez les satyriasiques, on trouve une différence remarquable dans la teinte, dans le timbre de cette passion, et cette différence se manifeste dans les moyens mis en œuvre pour la satisfaire. Nous prenons ici sur le vif ce que j'appellerai les notes harmoniques de la passion, et les modifications qu'elles apportent au ton fondamental : « Nous devons faire ressortir ici, dit M. Legrand du Saulle, une différence capitale, sur laquelle ont insisté la plupart des auteurs, et qui existe entre les procédés, les habitudes des nymphomanes et celle des satyriasiques. Ceux-ci et celles-là apportent en effet dans la recherche effrénée des satisfactions sexuelles les tendances particulières à leur sexe : l'homme est souvent brutal, violent ; il s'élance sur la première femme qu'il rencontre, ne souffre **pas** qu'elle lui résiste ; si elle ne se prête pas à ses désirs, il la bat, la viole de force et quelquefois même la tue. La femme

a recours plutôt aux charmes de ses manières et de sa
coquetterie, elle ne néglige aucun des procédés de séduc-
tion dont elle dispose, mais n'use jamais ni de la bruta-
lité, ni de la violence ; tout au plus répondra-t-elle par
l'ironie et l'injure au dédain qui la choque et au mépris
qui l'afflige. Le satyriasique c'est Léger, condamné en
1824 à la peine de mort par la Cour d'assises de Seine-
et-Oise, pour avoir enlevé, puis violé une jeune fille et
s'être repu de son sang après l'avoir tuée ; la nympho-
mane, c'est cette femme dont parle Marc, qui engage
l'homme sur lequel elle a porté ses vues « à se mettre
avec elle dans le bain », c'est celle encore dont nous
avons rapporté l'observation plus haut, d'après Buisson,
qui regarde effrontément les hommes, provoque le premier venu, si on la dédaigne, se fâche et injurie avec
un air de mépris ironique » (1).

Nous trouvons encore des modifications générales des
sentiments dans certaines maladies : on sait que l'épilepsie, la paralysie générale, la phtisie donnent une
certaine teinte générale, toujours à peu près la même,
aux phénomènes affectifs. Reste enfin la constitution
physiologique, ce qu'on a appelé le tempérament. La
science des tempéraments est loin d'être faite ; la physiologie n'a pas donné sur ces sujets des indications
suffisantes, pour que la psychologie puisse se hasarder
à bâtir à son tour des théories qui seraient trop insta-
bles. « La doctrine des tempéraments, dit M. Ribot,
vieille comme la médecine elle-même, toujours critiquée,
toujours remaniée, est l'expression vague et flottante des
principaux types de la personnalité physique, tels que
l'observation les donne, avec les principaux traits psychiques qui en découlent... Si la détermination des tempéraments pouvait devenir scientifique, la question de

_____

(1) Legrand du Saulle, *Les Nymphomanes* dans le volume intitulé : *les Hystériques*, p. 603.

la personnalité serait bien simplifiée » (1). Je n'essaierai
donc pas de faire ici une classification psychologique des
tempéraments. On en trouvera un essai à la fin de la
Physiologie des passions de M. Letourneau qui a tâché
de rajeunir les anciennes formules et de les rendre plus
conformes à la réalité des faits. Je me borne pour le
moment à indiquer l'influence générale de la personnalité dans la production des sentiments, influence dont
nous avons eu déjà au reste de nombreux exemples. Les
considérations relatives aux associations des phénomènes de conscience et aux influences que le sentiment
subit ou qu'il exerce se rapportent plutôt à l'étude des
lois de l'évolution et de l'organisation des phénomènes
qu'à celle des lois de leur apparition.

La décomposition des émotions et les lois qui dirigent
l'apparition des phénomènes affectifs complexes nous
permettent de voir diverses applications de la loi générale que nous avions posée d'abord. Nous avons en effet
essayé de ramener la composition des émotions aux
phénomènes généraux que nous avions constatés dans la
production de chaque phénomène affectif, en indiquant
quel mode de groupement et d'association, quelle manière d'être particulière des conditions générales de
l'émotion donnait naissance aux phénomènes affectifs
composés de tel ou tel genre. C'est ainsi que nous avons
vu successivement le rôle joué par l'arrêt des tendances,
et l'arrêt en retour des tendances qui arrêtent celles qui
viennent d'entrer en activité, l'association et la lutte des
phénomènes et des systèmes psychiques, la lutte et l'incoordination des phénomènes, la multiplicité des phénomènes psychiques et physiques éveillés secondairement, etc. Voici comment je résumerai, en formulant les
lois générales de l'apparition des phénomènes affectifs
composés, les théories auxquelles nous avons été amenés.

(1) Ribot, *Les Maladies de la personnalité*, p. 29.

Le caractère subjectif d'unité du phénomène affectif composé est proportionnel à la systématisation des tendances qui donnent naissance aux phénomènes affectifs relativement simples qui coexistent dans un état de conscience. Deux sentiments ou plusieurs peuvent être éveillés à la fois par la mise en activité simultanée de plusieurs systèmes psychiques ; selon que ces systèmes psychiques restent quelque temps en activité sans entrer en relations directes ou que l'un des deux tend à arrêter l'activité de l'autre, ou qu'il se forme enfin une association nouvelle de ces deux systèmes qui les réunisse dans un système supérieur, les deux phénomènes affectifs subsistent isolément sans donner naissance à un composé synthétique, ou bien produisent un phénomène complexe où les éléments subsistent, mais qui s'accompagne d'un nouveau phénomène affectif synthétique résultant des relations des phénomènes composants. S'il y a lutte entre les systèmes partiels, le phénomène composé aura un caractère de trouble, d'oscillation, de battement, comparable à certains égards aux battements des sons discordants ou à la perception du lustre; s'il y a association, le phénomène composé a un caractère d'unité très marqué, au point que l'analyse par l'observation directe en devient plus ou moins difficile, et les petites émotions, les petits sentiments accessoires se réunissent au principal comme des notes harmoniques au son fondamental. C'est la combinaison diverse des phénomènes affectifs élémentaires selon les personnes et selon les époques, qui explique en grande partie la différence corrélative des phénomènes affectifs, et fait des phénomènes affectifs une expression incomplète, mais importante de la personnalité.

CONCLUSION

Je voudrais, pour terminer, apprécier brièvement, au point de vue synthétique de la psychologie générale, les conditions de l'apparition des phénomènes affectifs. L'homme, avons-nous dit, est un ensemble d'éléments innombrables reliés en des systèmes très nombreux, de telle sorte que le même élément puisse entrer successivement dans un grand nombre de systèmes. Ces systèmes sont eux-mêmes des éléments par rapport à des systèmes plus vastes, et ainsi de suite jusqu'à ce qu'on arrive à la personnalité considérée dans son ensemble qui serait le système le plus vaste de tous, si l'organisation de l'homme était complète, mais qui présente de remarquables incohérences, en sorte que les systèmes secondaires ne sont pas unis dans un système supérieur, et que, au lieu de s'unir et de se combiner, ils s'entravent souvent l'un l'autre. Cet ensemble de systèmes, qui est l'homme, est en rapport avec le monde extérieur; les impressions qui lui en arrivent s'organisent en lui, se décomposent et se recomposent; l'engrenage intérieur les reçoit, se les assimile en les analysant d'abord, en les synthétisant ensuite, l'homme étant une sorte de machine qui dissocie les combinaisons qui se présentent à lui simultanément dans l'espace et dans le temps, et fait avec les éléments ainsi obtenus de nouvelles associations déterminées par les relations des faits entre eux et avec l'organisation acquise déjà qu'ils viennent par assimilation contribuer à former. De plus, ces systèmes de l'homme sont composés d'éléments divers. Si les uns sont reçus de l'extérieur, les autres retournent à l'extérieur; les systèmes de sensations et d'idées conduisent aux systèmes de mouvements, et les uns et les autres sont organisés ensemble. Nous nous représentons donc l'homme comme une sorte de machine mal finie ou quelque peu détraquée qui, recevant les impressions du dehors, les dissout et les synthétise par des combinaisons de nombreux rouages intérieurs, réagit de manière à augmenter dans une certaine mesure la systématisation du monde extérieur, en même temps que la sienne propre.

D'après tout ce que nous avons dit à propos de l'apparition des phénomènes affectifs, on voit que ces phénomènes sont le signe d'un trouble violent de l'organisme, d'un mauvais fonctionnement de la machine. Ils apparaissent lorsque la réaction systématique de l'organisme est entravée, lorsque la force nerveuse, dégagée par une excitation venue du dehors ou d'un organe quelconque, ne peut s'employer utilement, lorsque ni l'harmonie des tendances intérieures, ni l'harmonie des actes ne peuvent s'obtenir. A ce titre et par des raisons analogues, tout fait de conscience est l'indice d'un trouble de l'organisme, les phénomènes affectifs sont l'indice d'un trouble plus considérable que celui qu'indiquent les autres faits de conscience. Toute passion, toute émotion, tout sentiment, etc., est donc le signe d'une imperfection de l'organisme.

C'est là ce qui ressort évidemment de toutes les circonstances qui accompagnent la production de l'émotion ; toutes ces circonstances, que nous avons étudiées dans le premier livre : l'arrêt des tendances, l'afflux du sang au cerveau, l'augmentation de température, la multiplicité des phénomènes, leur incoordination relative, etc., doivent s'interpréter dans ce sens. En les ramenant au point de vue de la psychologie synthétique, nous voyons que l'on peut les ramener à trois faits principaux : éveil de systèmes ou de parties de systèmes psychiques ou psycho-organiques mal coordonnés avec la tendance dominante ; défaut de coordination des éléments ou des systèmes mis en jeu simultanément et avec une importance égale, enfin manque de certains éléments psychiques nécessaires au fonctionnement harmonique de l'esprit. Ces phénomènes doivent être assez marqués pour produire le fait affectif, ils sont toujours la conséquence du fait principal que nous avons désigné, la mise en jeu d'une force psychique relativement considérable qui ne peut s'employer harmoniquement.

Sans reprendre à ce point de vue l'examen des différents phénomènes affectifs et des faits qui les produisent ou les accompagnent, ce qui ne me paraît pas présenter d'ailleurs de difficulté sérieuse, je me borne à indiquer comment ces lois se manifestent en quelques circonstances.

Le premier cas se présente, par exemple, quand l'association des éléments psychiques en vue d'un acte ne se fait pas sans quelque trouble, c'est-à-dire sans l'éveil d'autres éléments associés au premier, et qui ne devraient pas être éveillés en cette circonstance. Un exemple éclaircira ce que mon expression peut avoir de trop abstrait : si un chirurgien, en opérant un malade, est ému à la pensée des souffrances qu'il cause à son malade, ou des risques que son opération lui fait courir, ou des douleurs qu'il suppose à sa famille, le sentiment qui est le résultat des relations des images de tous ces phénomènes avec ses propres actes nous indique clairement qu'il va s'associer au système d'éléments psychiques mis en activité pour effectuer l'opération des éléments faisant partie d'autres systèmes et qui n'auraient pas dû être réveillés à ce moment. Ces éléments sont, par exemple, l'idée de la famille, des larmes, de la douleur du patient, etc. Or, ces images, ces idées ou ces signes sont étroitement associés à la vue d'un homme souffrant, mais ces associations ne peuvent rentrer dans le système psychique qui doit diriger l'opération. Il y a donc par conséquent ici des associations qui ne sont pas suffisamment brisées, et dont les éléments ne sont pas dynamiquement isolés les uns des autres d'une manière suffisante pour que l'éveil de l'un d'entre eux puisse se faire sans entraîner l'éveil des autres, et pour que chacun puisse entrer séparément dans des combinaisons psychiques variées. Ce fait résultant de la trop grande cohésion des éléments des phénomènes et de la difficulté de la dissociation qui leur permettrait d'entrer dans des systèmes psychiques différents, tout en gardant la cohésion nécessaire pour pouvoir faire au besoin partie du même système, est une des grandes causes du trouble psychique qui produit les phénomènes affectifs, et se rencontre très fréquemment; on peut les distinguer dans un grand nombre des exemples que nous avons donnés.

Une autre cause est la difficulté d'association qui se manifeste quelquefois quand il s'agit de coordonner des éléments dont quelques-uns se trouvent hors de la portée d'association des tendances dont ils activeraient la systématisation. C'est le cas, par exemple, lorsque l'on cherche à saisir les rapports de plusieurs faits, et que l'opération se fait assez difficilement pour donner lieu à un phénomène affectif.

Une autre cause, enfin, est le manque des éléments psychiques appropriés, comme cela arrive, par exemple, dans les émotions qui s'accompagnent d'un désir; les actes auxquels tend le système dont l'activité leur donne naissance en général ont précisément pour but de fournir ces éléments qui faisaient défaut.

La difficulté s'accroît encore quand deux systèmes psychiques entrent en activité à la fois, et tendent chacun à se compléter par des actes qui ne peuvent s'effectuer simultanément.

Ainsi, difficulté d'association, difficulté de dissociation, ou manque des éléments nécessaires pour compléter une tendance, voilà les principales causes qui se réunis-

sent toutes en cette expression générale, entraves que
rencontre la systématisation de l'organisme et de l'esprit,
voilà les caractères généraux des phénomènes affectifs
au point de vue de la psychologie générale.

La théorie qui ne voit dans l'activité qu'une manifestation d'un trouble profond de la personnalité est ou
paraît être en contradiction avec les opinions le plus
généralement répandues. On est accoutumé à regarder
la « sensibilité » comme une faculté précieuse et indiquant
par sa présence une personnalité élevée. C'est affaire à
la morale d'examiner quelle est la valeur relative de
tous les facteurs de la personnalité humaine. Je ne dirai
ici que quelques mots pour indiquer les causes qui
expliquent et justifient, dans une certaine mesure, l'opi-
nion courante. On peut dire d'une manière générale que
bien des caractères qui seraient des défauts par rapport
à un état de développement très avancé sont des qualités par rapport à l'état actuel de l'homme. La sensibilité, au sens psychologique, est un de ces caractères ;
un sentiment est quelquefois le signe de l'organisation
commençante d'une tendance supérieure, mais il est
toujours, en ce cas, le signe que cette tendance supérieure n'est pas complètement organisée ; ainsi, l'individu
qui l'éprouve sera, si l'on veut, supérieur au point de
vue de la complexité à celui chez qui la tendance, n'existant pas encore même à l'état rudimentaire, ne peut
produire aucun phénomène affectif, mais il est inférieur
au point de vue de la cohérence et de l'unité à celui
chez qui la tendance est assez organisée pour entrer en
activité et aboutir à l'acte sans trouble et sans arrêt, et
par conséquent sans accompagnement de phénomènes
affectifs. Le phénomène affectif est le signe d'un trouble
qui peut parfois accompagner un accroissement de
systématisation en train de s'effectuer dans l'organisme,
mais il est toujours le signe d'une imperfection et d'un
désordre de l'activité.

TABLE DES MATIÈRES

Tours, imp. E. ARRAULT et Cie

TOURS. — IMP. E. ARRAULT ET Cie

www.ingramcontent.com/pod-product-compliance
Lightning Source LLC
Chambersburg PA
CBHW072150270326
41931CB00010B/1944